SCIENCE&VIE découvertes
De 8 à 12 ans

Mes SUPER expériences !

50 idées faciles à réaliser + un cahier scientifique

Illustrations expériences de Matthieu Roussel

Illustrations scientifiques de Corinne Gosset

Textes Gwenaëlle Aznar

**et Simon Anheim, Sophie Fauvette, Sophie Fleury,
Jean-baptiste Gouyon, Catherine Pagan, Olivier Rey et Sylvia Vaisman**

Tana
éditions

SOMMAIRE

La Terre et l'univers

La matière

Le corps humain

Le monde du vivant

Les phénomènes naturels

L'électricité

Les forces et les mouvements

Les instruments de mesure

Cahier scientifique

Matt.

La Terre et l'univers

Un joli petit nuage

IL TE FAUT :

- De l'eau bouillante
- Un saladier en verre incassable
- Un bac à glaçons ou une assiette avec des glaçons

COMMENT ÇA MARCHE ?

L'eau chaude produit de l'air très humide : c'est la vapeur qui s'élève du saladier.

Quand tu places l'assiette de glaçons au-dessus, cette vapeur d'eau est brusquement refroidie.

Résultat : elle se transforme en minuscules gouttes d'eau.

On dit que la vapeur se condense.

Et cette nuée de gouttelettes qui se maintiennent en suspension dans l'air, c'est un nuage !

Dans la nature, un nuage se forme quand de l'air humide s'élève dans le ciel et entre en contact avec l'air froid qui se trouve en altitude.

1 Demande à un adulte de faire chauffer de l'eau dans une casserole. Quand elle commence à bouillir, verse-la dans le saladier en faisant très attention de ne pas te brûler. De la vapeur s'élève hors du saladier.

2 Sors le bac ou l'assiette de glaçons du congélateur et place le tout au-dessus du saladier (à 5 centimètres environ)… Un nuage apparaît!

Ça va chauffer !

IL TE FAUT :

- 20 carrés en carton de 10 centimètres de côté
- Du papier d'aluminium
- Un récipient en métal rempli d'eau
- Un œuf

COMMENT ÇA MARCHE ?

La lumière du soleil se compose de plusieurs types de rayons. Certains, les infrarouges, sont très énergétiques. Ils chauffent tout ce qu'ils touchent.

Or, tes petits cartons recouverts d'aluminium n'absorbent pas la lumière. Ils la réfléchissent totalement, comme des miroirs.

Comme ils renvoient les rayons vers le récipient, ce dernier reçoit beaucoup plus d'infrarouges que s'il était posé, tout seul, au soleil.

Du coup, la température de l'eau augmente énormément.

Voilà comment cuire un œuf sans gaz ni électricité. Malin, non?

1 Recouvre chaque carré en carton de papier d'aluminium, le côté brillant vers l'extérieur. Évite de faire des plis pour que leur surface soit la plus lisse possible, comme celle d'un miroir.

2 Pose le récipient en plein soleil, aux heures les plus chaudes de la journée. Place tes miroirs de carton en demi-cercle autour du récipient. Attention! ils doivent tous renvoyer les rayons du soleil sur le récipient. Si tu n'as pas assez de place pour les disposer correctement, surélèves-en certains sur des boîtes ou des pierres.

3 Plonge l'œuf dans l'eau. Au bout d'un moment, le liquide va être assez chaud pour le faire cuire. Ne te brûle pas en le retirant. Super ! tu viens de construire un four solaire.

Du brouillard en bocal

IL TE FAUT :

- Un gros bocal en verre
- Un cône d'encens
- Un petit bocal en plastique
- Une paire de gants

COMMENT ÇA MARCHE ?

Comme l'eau du petit bocal est chaude, elle se change en vapeur d'eau.

Puis, au contact de l'air froid du grand récipient, ce gaz redevient liquide.

On dit qu'il se condense.

De microscopiques gouttelettes d'eau se forment alors autour des fines poussières de la fumée d'encens. C'est le brouillard !

Dans la nature, celui-ci se crée aussi quand une masse d'air humide entre en contact avec une autre, plus froide. La vapeur d'eau se condense autour des tout petits éléments contenus dans l'air : les particules.

1 **Place le gros bocal vide dans le congélateur et laisse-le refroidir pendant 10 minutes au moins. Demande à un adulte d'allumer le cône d'encens et pose-le à côté du petit bocal en plastique. Remplis celui-ci avec de l'eau très chaude (sa matière permet de garder la chaleur). Enfile les gants pour ne pas te brûler.**

2 **Sors le gros bocal du congélateur avec les gants (il est très froid !). Maintiens-le, ouverture vers le bas, à 1 ou 2 centimètres au-dessus du petit bocal d'eau et de l'encens… Abracadabra ! une jolie nappe de brouillard apparaît.**

L'étoile au berceau

IL TE FAUT :

- De la pâte à modeler
- Une règle
- Un bocal transparent

COMMENT ÇA MARCHE ?

La naissance d'une étoile ressemble au tourbillon que tu as créé dans le bocal.

Bien sûr, dans l'espace, il n'y a pas de règle pour remuer !

C'est une force appelée la gravité qui joue le rôle de l'agitateur.

Grâce à elle, dans un nuage de gaz, les particules s'attirent entre elles.

Elles se regroupent vers le centre et tournent, comme les grains de pâte à modeler.

Plus leur vitesse augmente, plus elles se rapprochent les unes des autres jusqu'à s'assembler et former une grosse boule : une étoile.

1. Fabrique des petites boules de pâte à modeler de la taille d'un grain de riz. Puis remplis le récipient d'eau et jette-les dedans.

2. Avec la règle, remue le tout très vite pendant une bonne dizaine de secondes. Arrête et laisse le liquide bouger seul. Les grains tourbillonnent avec l'eau puis se rapprochent peu à peu les uns des autres au centre du bocal.

Les flocons à la loupe

IL TE FAUT :

- **Une feuille de papier noir**
- **Une loupe**
- **Une chute de neige**

COMMENT ÇA MARCHE ?

La feuille de papier noir a séjourné au congélateur : elle est bien froide. Les flocons qui s'y posent ne risquent donc pas de fondre à son contact.

À la loupe, tu t'aperçois qu'ils ont en général 8 branches… C'est en effet de cette façon que les petits fragments de glace qui composent les flocons commencent à s'assembler.

À ce stade, ce sont encore des bébés. Mais, dans le ciel, ils grandissent. Et ils ne « poussent » pas tous de la même manière !

En virevoltant dans les nuages, ils traversent des zones dont les températures varient. S'il fait froid, les branches s'allongent. S'il fait chaud, elles s'épaississent.

Et comme deux flocons ne suivent jamais le même parcours, ils ont tous des formes différentes.

1 On annonce de la neige à la météo. Place vite une feuille de papier noir au congélateur.

2 Dès qu'il commence à neiger, sors le papier noir du congélateur, prends ta loupe et couvre-toi bien. Et hop, dehors ! Tiens ta feuille à l'horizontale. Attends que quelques flocons atterrissent sur le papier. Et observe-les à la loupe… Tu n'en trouveras pas deux pareils!

Un verre de soleil

IL TE FAUT :

- **Un peu de lait**
- **Un verre d'eau**
- **Une lampe de poche assez puissante**

COMMENT ÇA MARCHE ?

Les particules de lait mélangées dans l'eau dispersent beaucoup les rayons violets, bleus et verts qui composent en partie la lumière blanche de ta lampe.

Résultat, ils ne traversent pas le liquide et ressortent sur les côtés ou le dessus du récipient.

En revanche, le jaune, l'orange et le rouge sont moins dispersés.

Ils passent à travers le lait et parviennent jusqu'à tes yeux.

Tu vois donc l'ampoule, comme le soleil au couchant.

1 Verse quelques gouttes de lait dans le verre d'eau. Attention ! le mélange doit rester transparent.

2 Installe-toi dans une pièce sombre. Pose le verre sur une table et place la lampe de poche allumée de manière que le faisceau éclaire le récipient. Regarde alors l'ampoule à travers le liquide. Incroyable! elle est rouge, comme le soleil qui se couche. Et si tu regardes au-dessus du verre, tu verras l'eau légèrement bleutée.

Tranches de terre

IL TE FAUT :

- De l'eau
- Un récipient en verre transparent
- Des matériaux solides de couleurs différentes : sables, terre, argile, coquillages, petits cailloux, farine, semoule, riz...

COMMENT ÇA MARCHE ?

Te voilà avec une succession de couches colorées horizontales. Ça ne te rappelle rien? Tu peux observer la même chose sur des falaises, dans des tranchées.

Dans la nature, des poussières et des restes d'organismes transportés par les rivières ou les vents se déposent dans le fond des mers.

Au fil du temps, les fonds vaseux et les débris qu'ils contiennent se transforment en roches de natures et de couleurs différentes : c'est ce qu'on appelle la sédimentation.

Au fait, as-tu remarqué que les matériaux que tu as déposés en premier forment les couches les plus au fond de ton récipient ? Eh bien, sur une falaise, c'est pareil : la couche rocheuse la plus basse est la plus ancienne, et la plus haute, la plus récente !

C'est comme cela que l'on « remonte » l'échelle des temps géologiques.

1 **Remplis d'eau ton récipient jusqu'à mi-hauteur. Ajoute un fond de sable sur lequel tu poses quelques coquillages. Te voilà avec une mer miniature et des animaux échoués sur le fond.**

2 **Verse les différents matériaux les uns après les autres. Attends un peu entre chaque « ingrédient ». Quand l'eau est redevenue claire, que constates-tu ? Que peux-tu en déduire ?**

La matière

Ça va pétiller !

IL TE FAUT :

- Un demi-litre d'eau
- Le jus de deux citrons
- Du sucre en poudre
- Une demi-cuillerée à café de bicarbonate de soude (en supermarché, au même rayon que le sel)

COMMENT ÇA MARCHE ?

Ta limonade pétille grâce à une réaction chimique. Celle-ci est provoquée par le mélange du bicarbonate de soude et de l'acide citrique contenu dans le jus de citron.

Quand ces deux éléments se retrouvent ensemble dans l'eau, ils commencent par se casser en petits morceaux. Puis certains de ces morceaux s'attachent les uns aux autres pour former une nouvelle substance : le gaz carbonique.

Comme celui-ci ne peut pas se mélanger au liquide, il apparaît sous forme de bulles. Très légères, elles remontent à la surface et, peu à peu, disparaissent.

Il faut donc vite boire ta limonade si tu l'aimes pétillante.

1 Tu veux épater tes amis en fabriquant toi-même une sorte de limonade pour le goûter ? Alors mélange l'eau et le jus des citrons. Puis mets 2 cuillerées à café de sucre. Tu peux en rajouter jusqu'à obtenir le goût souhaité.

2 Verse ensuite le bicarbonate de soude en remuant. Des bulles apparaissent dans le liquide. Tu viens de fabriquer de la limonade. Bois-la rapidement avant qu'elle ne pétille plus.

Des glaces à gogo

IL TE FAUT :

- Une tasse à moitié pleine de lait
- Trois cuillerées à soupe de sucre en poudre et quelques gouttes d'extrait de vanille (ou un paquet de sucre vanillé)
- Un petit sac à congélation
- Un grand sac à congélation
- Environ quatre tasses de glaçons
- Huit cuillerées à soupe de sel

COMMENT ÇA MARCHE ?

Ton mélange sucré est entouré de glace à zéro degré. Or, le lait gèle à une température inférieure à zéro.

Comment se transforme-t-il alors en crème glacée ?

Grâce au sel. Celui-ci fait fondre les glaçons qui passent ainsi de l'état solide à l'état liquide.
Ce qui demande de l'énergie, donc de la chaleur.

Celle-ci est puisée dans le lait et la glace fondue dont la température chute sous zéro degré.

Dans cet environnement très froid, le lait perd de plus en plus de chaleur et gèle.

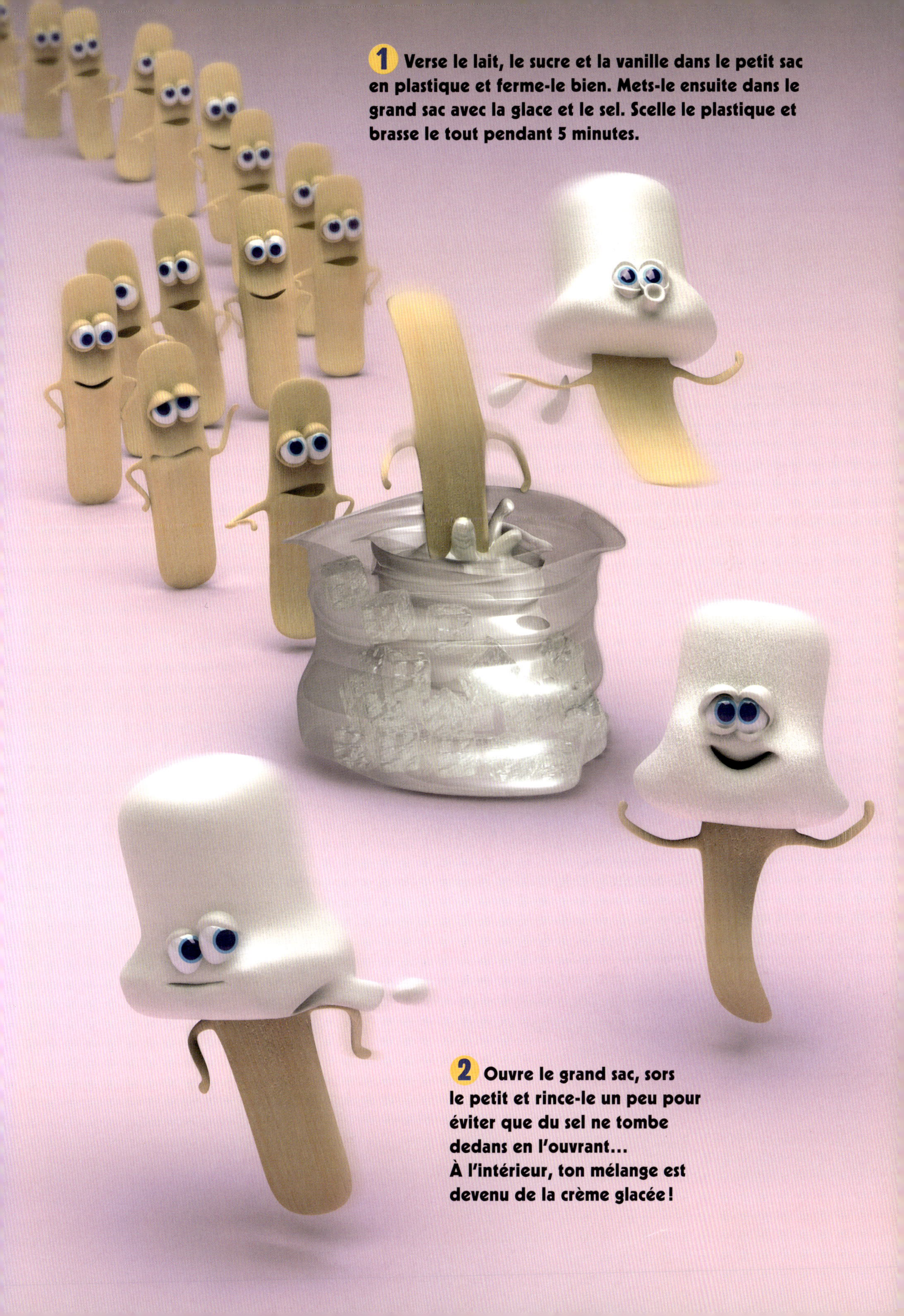

1 Verse le lait, le sucre et la vanille dans le petit sac en plastique et ferme-le bien. Mets-le ensuite dans le grand sac avec la glace et le sel. Scelle le plastique et brasse le tout pendant 5 minutes.

2 Ouvre le grand sac, sors le petit et rince-le un peu pour éviter que du sel ne tombe dedans en l'ouvrant…
À l'intérieur, ton mélange est devenu de la crème glacée !

L'accroche sel

IL TE FAUT :

- De l'eau
- Une vieille casserole
- Du gros sel

COMMENT ÇA MARCHE ?

Lorsque tu as jeté le sel dans l'eau chaude, il a disparu. L'eau chaude a cassé les cristaux de gros sel en morceaux si petits qu'ils se sont mélangés avec l'eau.

On dit que le sel a été dissous dans l'eau.

Quand tu continues à chauffer l'eau, elle se transforme en vapeur.

Au bout d'un certain temps, il ne reste plus d'eau.

Du coup, les minuscules bouts de sel se sont rassemblés et ont formé des cristaux sur le fond et le bord de la casserole.

Les travertins se créent de la même manière.

Les petits bouts de roche dissous dans l'eau bouillante s'entassent sur le sol quand la source jaillit à l'air libre.

1. Verse 2 ou 3 centimètres d'eau dans la casserole.

2. Demande à un adulte de faire chauffer la casserole avec l'eau.

3. Lorsque l'eau bout, que des bulles se forment à la surface, jettes-y 3 cuillerées à soupe de gros sel. Remue le mélange jusqu'à ce que tout le sel ait disparu.

4. Laisse le tout sur le feu, jusqu'à ce qu'il n'y ait plus d'eau dans la casserole. Une sorte de croûte blanche apparaît au fond et sur les bords du récipient. Ôte-le du feu et laisse-le refroidir. Passe ton doigt sur les parois... hum! c'est du sel.

L'ascenceur à huile

IL TE FAUT :

- **Deux petits verres identiques**
- **De l'eau**
- **De l'huile**
- **Une carte plastifiée (une carte à jouer, par exemple)**

COMMENT ÇA MARCHE ?

Lorsque tu tires la carte, l'huile et l'eau entrent en contact. Or, l'huile est moins lourde que l'eau. On dit aussi qu'elle est moins dense.

Cette différence est due aux grains de matière qui la constituent, les atomes. Ils sont moins serrés que ceux de l'eau.

Plus légère, l'huile remonte donc à la surface. L'eau, plus lourde, descend. Et tout cela sans se mélanger. En effet, l'huile est insoluble dans l'eau.

C'est-à-dire que même si tu remues très fort ces deux liquides ensemble, tu obtiens des gouttelettes de gras qui ne se mêlent jamais à l'eau.

Impossible de les rendre copains, ces deux-là !

1 Remplis les 2 verres à ras bord. L'un avec de l'eau, l'autre avec de l'huile. Couvre le verre d'eau avec la carte plastifiée, puis retourne-le (la carte tient toute seule). Pose-le alors à l'envers sur le verre d'huile. Attention! les deux récipients doivent être exactement l'un au-dessus de l'autre.

2 Tire doucement la carte pour qu'une petite ouverture apparaisse entre les verres. Il se passe alors un phénomène curieux : l'huile monte et l'eau… descend ! Les deux récipients échangent leur contenu. Tu peux à nouveau séparer les verres. Mais avant, repousse bien la carte afin d'éviter de renverser l'huile. Et voilà, tu peux boire l'eau si tu veux ! Elle ne contient pas une goutte de gras !

Cristaux à croquer

IL TE FAUT :

- Un demi-verre d'eau chaude
- De l'extrait de vanille ou du sirop pour aromatiser
- Un verre de sucre
- Un bocal en verre bien propre
- Un fil de coton assez épais
- Un trombone
- Un crayon

COMMENT ÇA MARCHE ?

Pour dissoudre une certaine quantité de sucre, il faut suffisamment d'eau.

Mais dans de l'eau chaude, tu peux faire fondre plus de sucre. Du coup, une fois refroidie, l'eau contient du sucre « en trop ». Celui-ci cherche à s'échapper.

Ses particules s'accrochent donc où elles peuvent, sur le fil, par exemple, et des cristaux se forment.

C'est exactement comme cela que naissent les quartz.

Sous terre, de l'eau riche en silice se refroidit dans les fissures des roches, et la silice « en trop » se fixe aux parois.

1 Mélange l'eau, l'arôme et le sucre dans le bocal. Tu obtiens un sirop épais. S'il reste des grains de sucre, ajoute un peu d'eau chaude.

2 Attache une extrémité du fil au trombone et enroule l'autre autour du crayon.

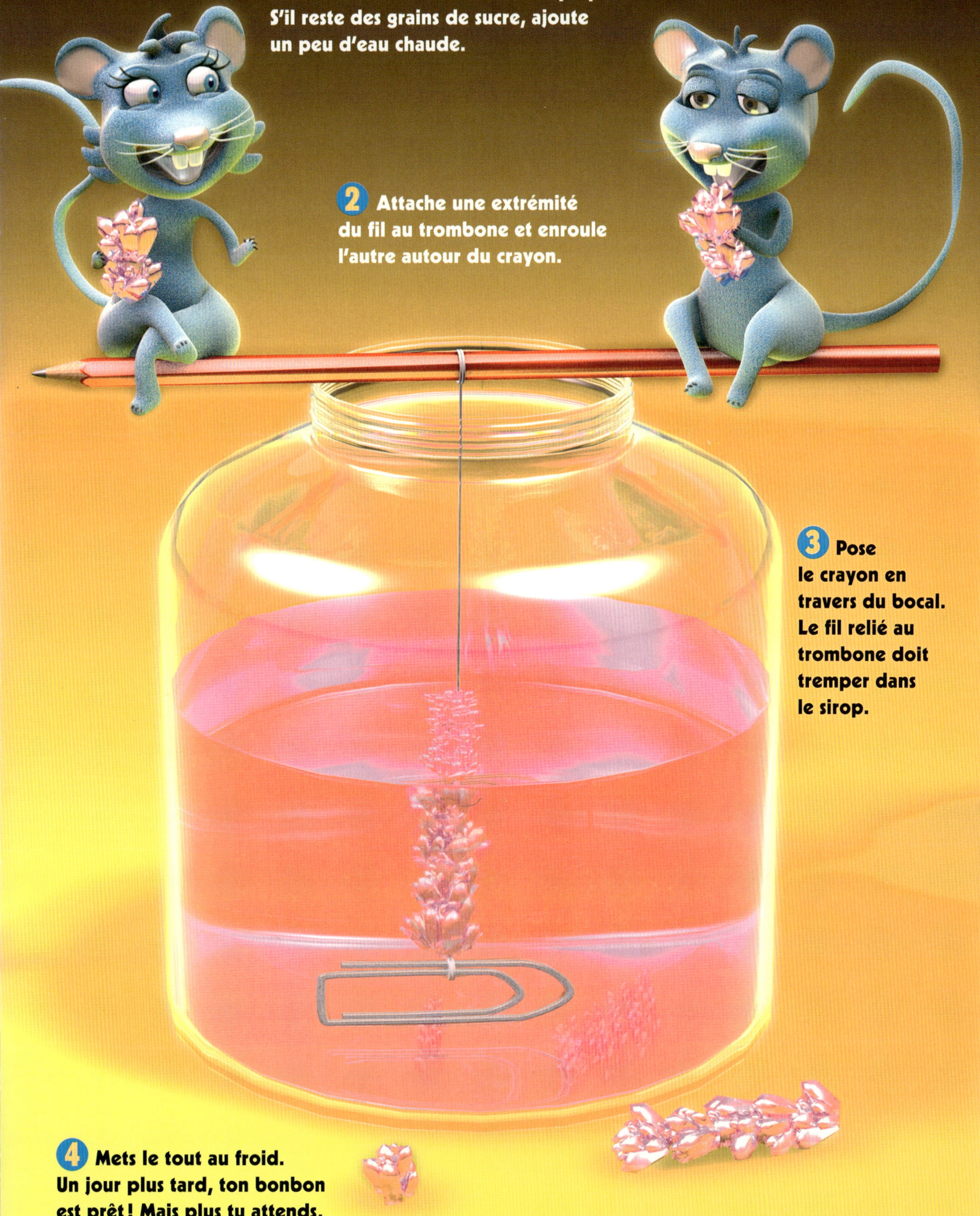

3 Pose le crayon en travers du bocal. Le fil relié au trombone doit tremper dans le sirop.

4 Mets le tout au froid. Un jour plus tard, ton bonbon est prêt ! Mais plus tu attends, plus il sera gros…

Mets-toi au parfum

IL TE FAUT :

- Une quinzaine de clous de girofle
- Un flacon en verre
- De l'alcool à 90 degrés

COMMENT ÇA MARCHE ?

L'odeur des clous de girofle provient des huiles aromatiques qu'ils contiennent.

Or, l'alcool a la propriété de dissoudre ces corps gras.

À force de macérer dans le bain d'alcool, les senteurs d'épice se retrouvent donc dans le liquide.

Ce procédé d'extraction des molécules odorantes est l'une des techniques utilisées par les parfumeurs pour fabriquer des « jus » à base de fleurs, par exemple.

Lorsque tu appliques de l'« eau d'épice » sur ton poignet, l'alcool qu'elle renferme s'évapore.
Il ne reste donc plus sur ta peau que les composés parfumés.

1 Dépose tes clous de girofle dans le flacon, puis remplis-le à moitié d'alcool. Ferme le récipient bien hermétiquement et laisse reposer une semaine environ en remuant de temps en temps.

2 Avec l'index, prends quelques gouttes de ta mixture et dépose-les sur ton poignet. Au bout d'un petit moment, le liquide s'est évaporé, mais ta peau, elle, sent encore une subtile odeur d'épice.

Ça va déborder

IL TE FAUT :

- Deux glaçons
- Deux verres
- De l'eau
- Un fin carré de polystyrène, plus petit que le diamètre du verre et un peu plus large que le glaçon

COMMENT ÇA MARCHE ?

Quand le glaçon fond dans le premier verre, le niveau de l'eau baisse, car l'eau à l'état solide (le glaçon) prend plus de place qu'à l'état liquide. Alors que l'eau du glaçon posé sur le polystyrène s'ajoute à celle du verre déjà plein et le fait déborder.

C'est ce qui se passe aux pôles. La banquise arctique, au nord, flotte dans l'océan ; comme le premier glaçon dans le verre.

Si elle fond, le niveau de la mer ne montera pas.

Au sud, la glace recouvre le continent antarctique, comme le second glaçon posé sur le polystyrène. Si elle fondait, son eau s'écoulerait dans l'océan et en ferait monter le niveau.

1 Dépose un glaçon dans le verre puis remplis-le d'eau à ras bord. Le glaçon flotte dans l'eau. Après quelques instants, il fond. Le verre déborde-t-il?

2 Remplis d'eau l'autre verre. Pose le morceau de polystyrène sur l'eau, puis place un glaçon en équilibre dessus. Ajoute de l'eau jusqu'au bord du verre. Laisse fondre le glaçon. Et cette fois-ci, est-ce que le verre déborde?

Le corps humain

Soufflé !

IL TE FAUT :

- Une bouteille en plastique
- Une paire de ciseaux
- Un morceau de sac en plastique
- Un élastique
- Une bougie

COMMENT ÇA MARCHE ?

Cette expérience permet de comprendre la manière dont le son circule.

Lorsque tu tapes sur le sac, tu l'enfonces. Du coup, il compresse les molécules d'air situées juste derrière lui, à l'intérieur de la bouteille.

Celles-ci poussent à leur tour les particules qui se trouvent à côté d'elles et ainsi de suite.

Le mouvement se transmet de cette façon jusqu'au goulot de la bouteille et le souffle qui sort fait vaciller la flamme.

Un son voyage dans l'air selon le même principe.

La vibration qu'il crée se propage de molécule en molécule de la source d'émission jusqu'à tes oreilles.

1 Découpe le fond de la bouteille avec les ciseaux. Attention! ne te blesse pas en perçant le récipient! Tends par-dessus le morceau de sac en plastique et fais-le tenir avec l'élastique.

2 Allume la bougie et place le goulot de la bouteille près de la flamme. Avec ta main, tape légèrement sur le sac tendu. La flamme tremble. Si tu frappes plus fort, tu peux même l'éteindre.

Ni chaud ni froid

IL TE FAUT :

- **Un récipient d'eau chaude (attention de ne pas te brûler)**
- **Un récipient d'eau tiède**
- **Un récipient d'eau froide rempli de glaçons**

COMMENT ÇA MARCHE ?

Dans ta peau se trouvent des milliers de récepteurs qui te permettent de sentir si ce que tu touches est doux, piquant, froid, chaud...

Dans l'eau glacée, ceux sensibles au froid sont très stimulés. Ils transmettent l'information au cerveau et tu ressens un froid intense.

Si, après, tu plonges ta main dans l'eau tiède, les récepteurs du chaud sont activés.

En revanche, ceux du froid réagissent à peine, car le froid est moins intense dans ce liquide que dans le précédent.

Du coup, ton cerveau interprète mal la situation : pour lui, l'eau que tu touches est plus chaude qu'elle ne l'est en réalité. Pour ta main gauche, il se passe le phénomène inverse.

1 Plonge pendant quelques minutes ta main droite dans le récipient avec les glaçons et ta main gauche dans celui d'eau chaude.

2 Trempe ensuite tes deux mains dans la bassine d'eau tiède. Tu as l'impression que ta main droite se trouve dans de l'eau bouillante et la gauche… dans un bain froid.

À vos papilles, prêts, goûtez !

IL TE FAUT :

- Deux pailles droites
- Des ciseaux
- Un verre de café noir
- De la mie de pain
- Un crayon
- Une feuille de papier
- Un verre d'eau salée
- Un verre d'eau sucrée
- Un verre d'eau citronnée

COMMENT ÇA MARCHE ?

Surprenant, n'est-ce pas? Eh oui, nous ne ressentons pas le goût avec la même intensité selon l'endroit de la langue où l'on pose la substance!

Pas de panique, c'est normal! La langue dispose de quatre zones sensibles qui détectent chacune l'une des quatre saveurs. Le bout de la langue perçoit le salé et le sucré, les côtés, l'acide, et l'arrière, l'amer.

De plus, on ne perçoit pas ces saveurs à la même vitesse. Là aussi, rien de plus normal. Les goûts salés et sucrés parviennent plus rapidement au cerveau, car ils sont situés au bout de la langue, que l'amer, situé à l'arrière.

De toute façon, les sensations du goût ne cheminent pas aussi rapidement au cerveau que les informations de la vue, par exemple.

1 Coupe les pailles en deux en leur milieu. Prends un morceau de paille, trempe-le dans le café noir et pose ton doigt dessus pour que le café reste dans la paille.

2 Pose la paille sur le devant de ta langue et lâche quelques gouttes de liquide puis essuie-toi la langue avec de la mie de pain. Fais de même sur l'arrière de la langue puis sur les côtés. À quel endroit as-tu le plus ressenti le goût?

3 Dessine une langue sur une feuille de papier et note l'endroit où tu as le plus ressenti le goût du café.

4 Prends un autre morceau de paille et recommence l'ensemble de ces opérations pour les trois autres liquides en n'oubliant pas de bien noter sur ton dessin tes sensations.

Inspirez... expirez !

IL TE FAUT :

- Une bouteille d'eau vide
- Des ciseaux ou un cutter
- Un ballon de baudruche
- Le tube d'un stylo bille
- Un petit et un grand élastique
- De la pâte à modeler
- Un sac plastique

COMMENT ÇA MARCHE ?

Cette expérience te permet de comprendre le fonctionnement de la respiration. La bouteille représente la cage thoracique, le sac plastique, le diaphragme, et le ballon de baudruche, les poumons.

En tirant sur le sac plastique, tu as diminué la pression de l'air dans la bouteille : le ballon se gonfle. Et quand tu relâches le sac plastique, la pression de l'air provoque le rejet de l'air hors du ballon.

Dans notre corps, c'est pareil. Lorsque l'on inspire, les muscles resserrent les côtes et soulèvent la cage thoracique. Le diaphragme se contracte, le volume d'air est augmenté et la pression diminue, laissant entrer de l'air venant de l'extérieur. C'est l'inverse pendant l'expiration : les muscles se relâchent, réduisant le volume d'air, ce qui augmente la pression et provoque l'expulsion de l'air.

1 Demande à un adulte de couper la bouteille d'eau en deux. Accroche le ballon de baudruche autour du tube du stylo bille avec le petit élastique. Passe l'autre extrémité du tube dans le goulot de la bouteille, laisse-le dépasser de 2 centimètres et coince-le sur le goulot avec la pâte à modeler. Le ballon ne doit pas atteindre le « fond » de la bouteille.

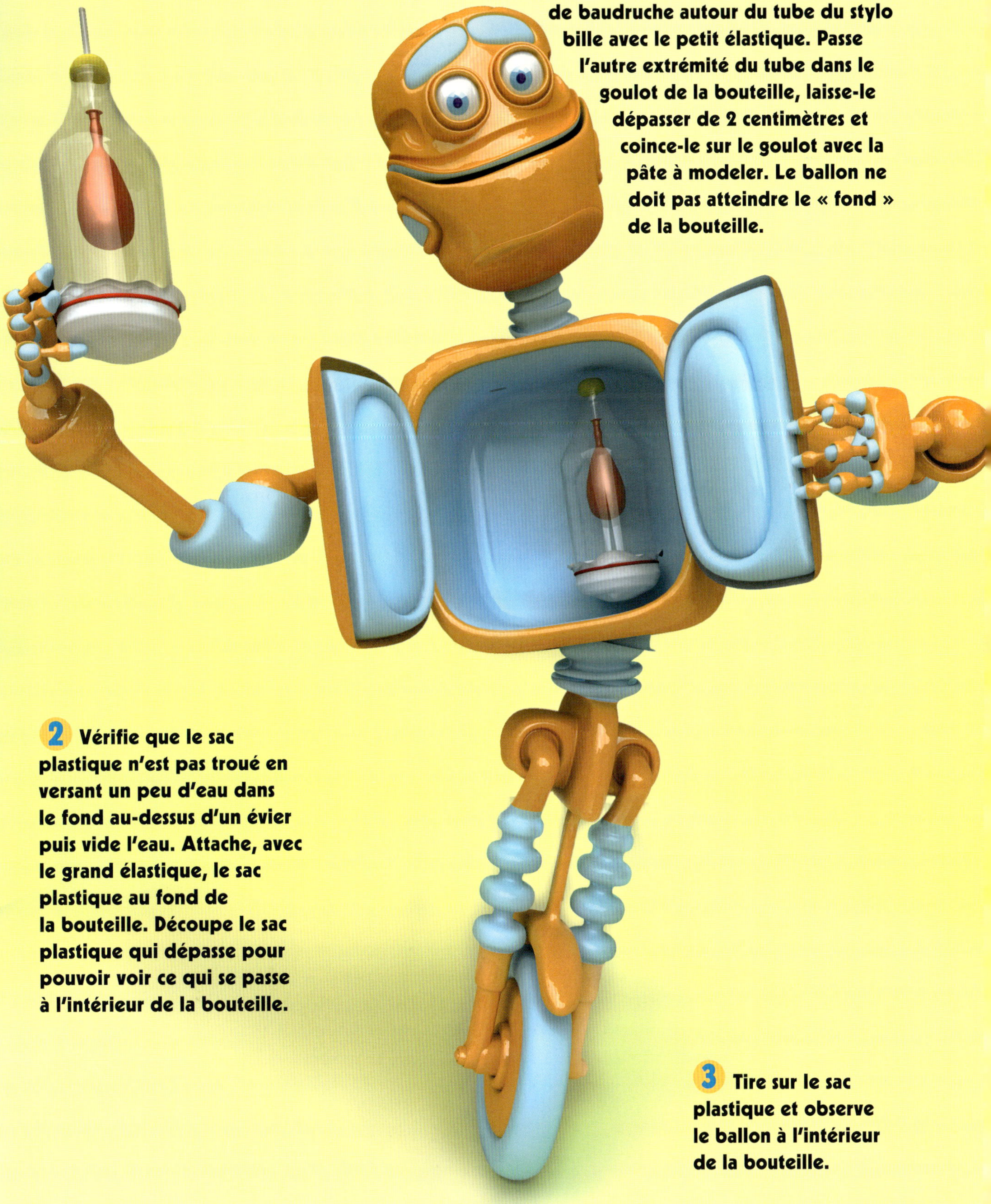

2 Vérifie que le sac plastique n'est pas troué en versant un peu d'eau dans le fond au-dessus d'un évier puis vide l'eau. Attache, avec le grand élastique, le sac plastique au fond de la bouteille. Découpe le sac plastique qui dépasse pour pouvoir voir ce qui se passe à l'intérieur de la bouteille.

3 Tire sur le sac plastique et observe le ballon à l'intérieur de la bouteille.

Une tache dans l'œil

IL TE FAUT :

- **Une demi-feuille de papier blanc**
- **Un feutre**
- **Une règle**

COMMENT ÇA MARCHE ?

Lorsque tu regardes un objet, son image se forme sur la rétine de ton œil. Celle-ci est reliée au cerveau par des nerfs optiques.

À l'endroit où passent ces nerfs, il n'y a – forcément – aucun récepteur visuel.

C'est le cerveau qui prend le relais et reconstitue des images à l'endroit où l'œil ne voit rien. Cette expérience t'a permis de mettre en évidence cette tache aveugle.

Le point que tu ne fixais pas a disparu dès qu'il est entré dans cette zone de l'œil que l'on appelle aussi tache de Mariotte. Car c'est Edme Mariotte, physicien français du XVIIe siècle, qui soupçonna son existence après avoir effectué la dissection d'un œil.

1 Dessine deux gros points de 1 centimètre de diamètre environ à 8 centimètres de distance l'un de l'autre.

2 Cache-toi l'œil gauche avec la main et fixe le point gauche de la feuille en tendant la feuille à bout de bras.

3 Rapproche la feuille lentement en continuant de fixer le point gauche. Que se passe-t-il? Recommence en fixant le point droit, œil droit caché.

Un flair infaillible ?

IL TE FAUT :

- **Une dizaine de carrés de pomme, de navet, de carotte, de betterave crue et de pomme de terre crue**
- **Un foulard**

COMMENT ÇA MARCHE ?

Les aliments sélectionnés ont une odeur faible. Il est donc difficile de les reconnaître juste à l'odorat, un sens qui n'est pas très développé chez l'être humain.

Mais en les goûtant le nez bouché, ça n'est pas évident non plus! Pourquoi? Parce que le goût et l'odorat sont intimement liés.

Quand nous mangeons un aliment, il n'y a pas que les saveurs qui sont retransmises au cerveau, mais aussi les odeurs.

Ces dernières sont d'ailleurs les premières à y parvenir. Les odeurs sont interprétées par le cerveau de différentes façons.

Il y a bien sûr la reconnaissance : odeur de pomme = pomme, mais aussi un classement, bonne ou mauvaise odeur, qui est lié à notre éducation et notre culture, et parfois un lien odeur-souvenir.

1 Il faut être deux pour réaliser cette expérience. L'un a les yeux bandés et essaye de reconnaître les différentes substances que son ami lui met sous le nez. Note à chaque fois les résultats. Quelles conclusions en tire-tu?

2 Le goûteur doit maintenant se boucher le nez et manger quelques morceaux de chaque aliment. Est-ce facile de les reconnaître? Ensuite, il recommence avec le nez non bouché.

Le monde du vivant

Mon yaourt maison

IL TE FAUT :

- **Du lait longue conservation (25 centilitres)**
- **Deux casseroles**
- **Un Thermos**
- **Deux cuillerées à café de yaourt nature**
- **Un bol**
- **Un saladier**
- **Une cuillère à café**
- **Une assiette**

COMMENT ÇA MARCHE ?

Faire bouillir le lait permet de tuer les microbes qui se seraient glissés à l'intérieur.

Lorsque tu ajoutes du yaourt déjà fait à ta préparation, tu introduis deux sortes de bactéries inoffensives et indispensables à la fabrication du yaourt.

Au chaud, elles se multiplient, se nourrissent de certains composés présents dans le lait et en rejettent d'autres.

Ce processus, appelé fermentation, fait passer le lait de l'état liquide à celui de solide et modifie son goût.

Il ne reste plus qu'à le refroidir pour arrêter la transformation. Bon appétit !

1. Fais bouillir le lait dans une casserole, puis laisse-le de côté. Dans l'autre casserole, mets de l'eau à chauffer. Lorsqu'elle bout, verse-la dans le Thermos (attention de ne pas te brûler!). Attends pendant une dizaine de secondes et vide-le : l'intérieur est chaud.

2. Mélange deux cuillerées à café de yaourt nature avec le lait chaud, puis transvase le tout dans le Thermos et ferme bien ce dernier. Et maintenant, patience : tu dois attendre 7 heures.

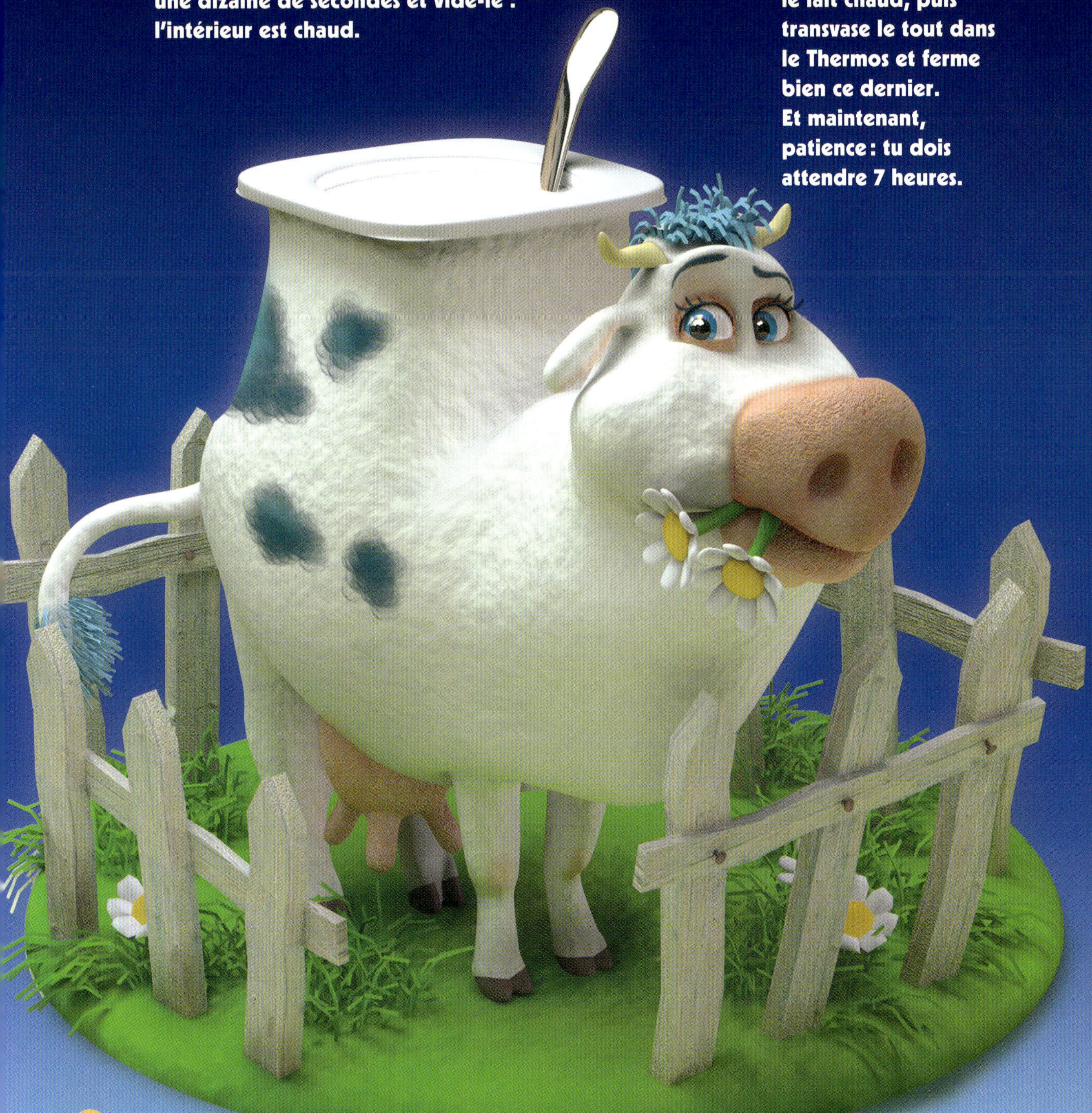

3. Lorsque le temps est écoulé, refroidis ta préparation en la versant dans un grand bol placé dans un saladier d'eau froide. Remue un moment avec la cuillère. Place ensuite le bol couvert d'une assiette au réfrigérateur. Quatre heures après, ton yaourt est prêt. Miam!

Patate à l'eau

IL TE FAUT :

- Une grosse pomme de terre
- Deux aiguilles à tricoter
- Deux verres
- Un peu d'eau

COMMENT ÇA MARCHE ?

Les pommes de terre sont constituées de cellules, comme toutes les plantes et tous les animaux.

Lorsque les cellules sont vivantes, elles échangent différentes substances avec le monde extérieur : elles captent de l'eau, rejettent des gaz, absorbent des sels minéraux…

Mais lorsqu'elles meurent, la plupart de ces échanges sont stoppés.

Bien qu'elle ait été épluchée et creusée, la pomme de terre crue est vivante. Ses cellules laissent entrer l'eau du verre.

En revanche, les cellules de la pomme de terre cuite ont été détruites par l'eau bouillante.

Le liquide ne peut donc plus traverser ses parois.

1 Épluche ta pomme de terre et coupe-la en deux.

2 Demande à un adulte de t'aider pour faire bouillir l'une des deux moitiés de pomme de terre dans un peu d'eau. Quelques minutes suffisent.

3 Creuse ensuite l'intérieur des deux morceaux, puis transperce-les avec une aiguille à tricoter.

4 Remplis les verres d'eau et pose les aiguilles par-dessus. Le fond de chaque morceau de pomme de terre doit plonger dans l'eau. Attends pendant quelques heures. Que se passe-t-il ?
La pomme de terre crue est pleine d'eau, l'autre non.

Élevage de bourgeons

IL TE FAUT :

- Des bourgeons
- Quatre soucoupes
- De l'eau
- De la terre
- Une petite branche d'arbre avec des bourgeons

COMMENT ÇA MARCHE ?

Seuls les bourgeons de la branche que tu as plongée dans l'eau se sont développés. Les autres n'ont presque pas évolué ou se sont desséchés.

Conclusion : pour que les bourgeons s'ouvrent et donnent des feuilles, il ne faut pas de terre, mais de l'eau.

Celle-ci doit arriver par la branche et non pas directement par le bourgeon. La sève, fabriquée par l'arbre à partir de l'eau, permet aux bourgeons de grandir.

Heu... un bourgeon, comment c'est fait ?

La réponse est dans... les choux. Sans blague. Si tu coupes un chou en deux, tu peux observer un bourgeon géant !

1 Mets deux bourgeons dans une soucoupe vide, deux autres dans une soucoupe remplie d'eau et encore deux dans une soucoupe avec un peu de terre.

2 Plonge la branche dans la soucoupe pleine d'eau. Attends pendant quelques jours.

3 Observe l'état des bourgeons dans les quatre récipients. Que s'est il passé?

Les petites bêtes de la terre

IL TE FAUT :

- **De la terre de jardin**
- **Trois flacons ou pots**
- **Du terreau**
- **Une feuille de papier**
- **Un autocuiseur**
- **De l'alcool à 60 degrés**
- **Une lampe de bureau**
- **Une loupe**

COMMENT ÇA MARCHE ?

Le papier que tu as déposé dans la terre est devenu brun. Il a commencé à se décomposer sous l'action des organismes qui se trouvent dans la terre. La lumière de la lampe chauffe la terre que tu as mise dans l'autocuiseur.

Les organismes vivants fuient la chaleur et se retrouvent piégés dans l'alcool. Ce sont eux qui dégradent la matière organique en matière minérale.

Il peut y en avoir de trois sortes : les phytophages (ex. : cloporte, nématode), qui se nourrissent de matières végétales, les zoophages, qui mangent les phytophages, et les saprophages, qui consomment les cadavres. Il y en a également d'autres, invisibles à l'œil nu (ou à la loupe), et qui dégradent également la matière : les micro-organismes.

Tu comprends maintenant pourquoi une pomme ou un animal mort laissés en forêt disparaissent (plus ou moins rapidement).

1 Mets de la terre dans le premier flacon, du terreau dans le deuxième et rien dans le troisième. Plonge une languette de papier de 2 centimètres sur 7 centimètres dans chacun des flacons et attends 2 semaines avant de les retirer et de les observer. L'un des papiers est en train de se décomposer, pourquoi ?

2 Mets 2 à 3 centimètres de terre de jardin dans le panier vapeur et 1 centimètre d'alcool dans le fond de l'autocuiseur. Installe la lampe le plus près possible du panier vapeur. Attends une nuit et observe à la loupe tous les micro-organismes tombés dans l'alcool.

Une plante, ça transpire ?

IL TE FAUT :

- Une barquette en aluminium
- Un grand verre
- De l'eau
- Une petite plante verte avec des racines
- De la pâte à modeler
- Du ruban adhésif
- Un sachet en plastique transparent
- Un feutre indélébile

COMMENT ÇA MARCHE ?

Le niveau de l'eau dans le verre a baissé. Cela démontre que les feuilles ont absorbé l'eau par leurs racines.

Des gouttelettes apparaissent à l'intérieur du sac en plastique, prouvant que la plante transpire par l'intermédiaire de ses feuilles.

Dans la nature, les végétaux puisent l'eau dans le sol et la restituent, sous l'effet de la chaleur du soleil, dans l'atmosphère par la transpiration de leurs feuilles.
Ils rejettent ainsi 99 % de l'eau qu'ils ont absorbée. Ce rôle d'évaporateur des végétaux contribue au cycle de l'eau.
C'est ce que l'on appelle l'évapotranspiration.

C'est cette vapeur d'eau qui, en montant dans l'atmosphère, se refroidit et forme les nuages. Elle retombera sous forme de pluie, de grêle ou de neige sur les continents.

1 Découpe un disque dans la barquette d'aluminium. Son diamètre doit être supérieur de 2 centimètres au diamètre du verre. Perce un trou au centre et passes-y les racines de la plante en veillant à ne pas l'abîmer. Colmate autour de la tige avec de la pâte à modeler.

2 Remplis le verre aux trois quarts d'eau. Pose la plante dessus et rabat les bords en aluminium. Fixe avec du ruban adhésif. Mets le sac en plastique sur la plante et ferme avec du ruban adhésif. L'air ne doit pas pouvoir passer.

3 Note le niveau d'eau avec le feutre. Place ce dispositif dans un endroit éclairé et attends quelques jours. Que s'est-il passé?

Un brin de génétique

IL TE FAUT :

- Un quart d'oignon
- Un mortier
- Une cuillère à soupe
- De l'eau déminéralisée
- Du liquide vaisselle
- Une petite passoire à mailles fines
- Un verre transparent
- De l'alcool à 60 degrés

COMMENT ÇA MARCHE ?

Mais qu'est-ce que c'est que ce truc blanc? De l'acide désoxyribonucléique, plus connu sous son diminutif : ADN. Cette molécule, c'est-à-dire une très petite partie de matière, constitue les chromosomes.

Elle se situe dans les cellules des êtres vivants et contient les informations génétiques, qui se transmettent d'une génération à une autre.

Mais comment se fait-il que l'on puisse voir à l'œil nu un brin d'ADN? En fait, lors de cette expérience, il s'est passé une série d'opérations invisibles.

Lorsque tu as broyé l'oignon, tu as en même temps séparé ses cellules. Le liquide vaisselle a ensuite détruit les membranes de la cellule, permettant à l'ADN d'être libéré. L'alcool a concentré les brins d'ADN sous forme d'une pelote alors visible à l'œil nu.

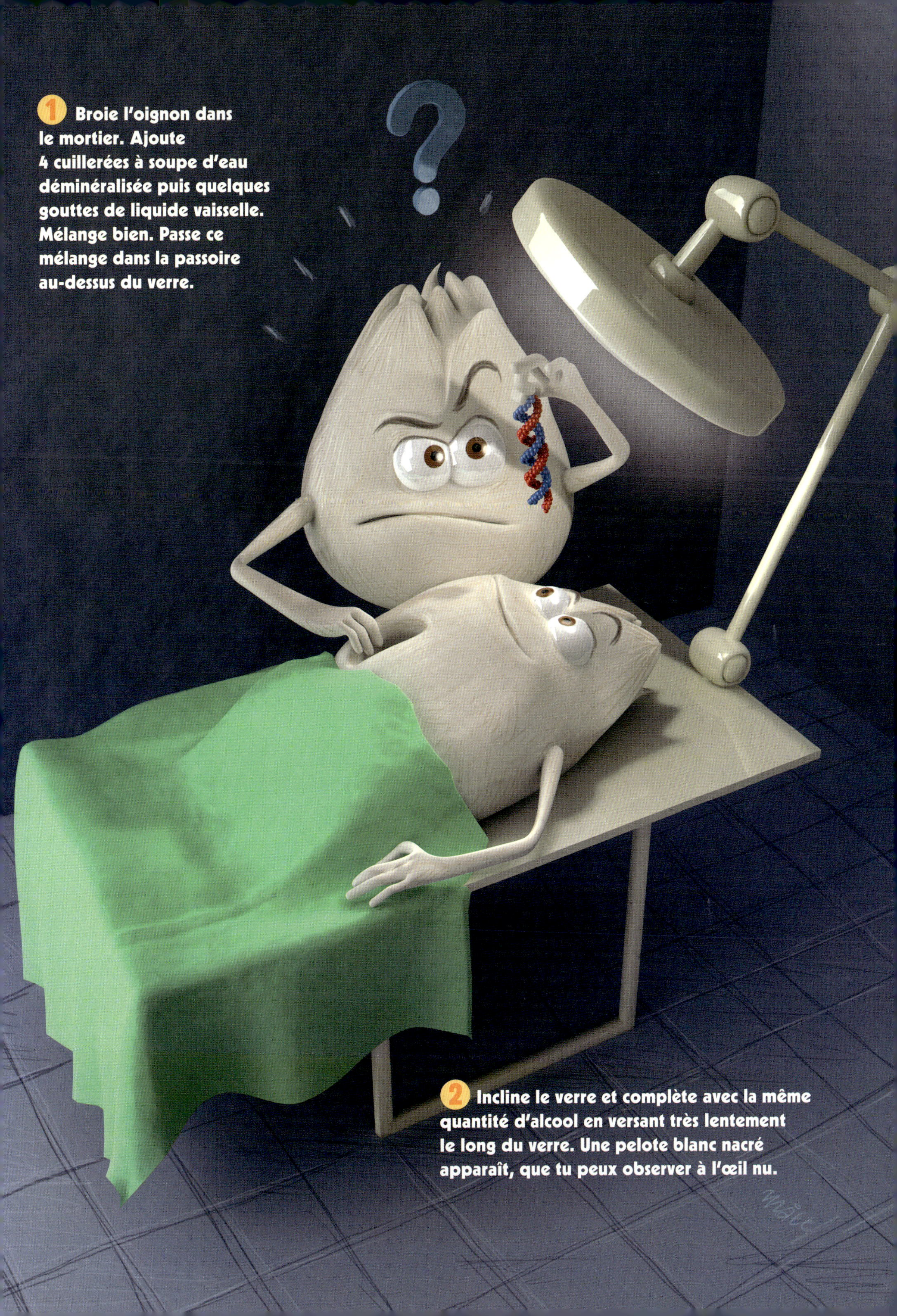

1 Broie l'oignon dans le mortier. Ajoute 4 cuillerées à soupe d'eau déminéralisée puis quelques gouttes de liquide vaisselle. Mélange bien. Passe ce mélange dans la passoire au-dessus du verre.

2 Incline le verre et complète avec la même quantité d'alcool en versant très lentement le long du verre. Une pelote blanc nacré apparaît, que tu peux observer à l'œil nu.

Les phénomènes naturels

Un séisme en bouteille

IL TE FAUT :

- **Une bouteille d'eau en plastique**
- **Des ciseaux**
- **Du sable**
- **Deux farines différentes (de blé et de maïs, par exemple).**

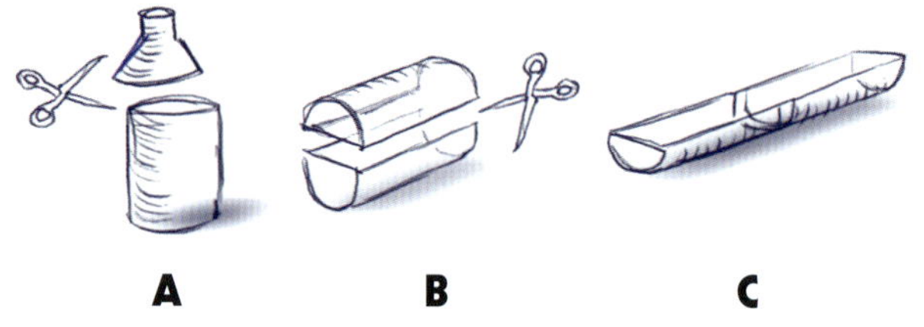

COMMENT ÇA MARCHE ?

Lorsque tu rapproches tout doucement les deux parties de la bouteille, les couches de sable et de farine humides sont comprimées. Elles se déforment lentement sans se rompre, car les grains qui les composent ont le temps de glisser les uns contre les autres. En revanche, elles se cassent quand tu pousses brutalement.

Il se passe un peu la même chose lorsque deux morceaux de la croûte terrestre se dirigent l'un vers l'autre. Si la croûte se déplace à un rythme lent et régulier, les couches de roches qui la constituent se plissent au fil du temps.

C'est ainsi que se sont formées des montagnes comme les Alpes ou l'Himalaya. Mais si un tremblement de terre intervient, la croûte n'est pas assez souple pour résister à ce brusque déplacement et elle se brise. Il se crée des cassures que les géologues appellent des failles.

1 Découpe la partie supérieure de la bouteille (A). Puis coupe le corps de la bouteille dans le sens de la longueur pour obtenir deux demi-cylindres identiques (B).

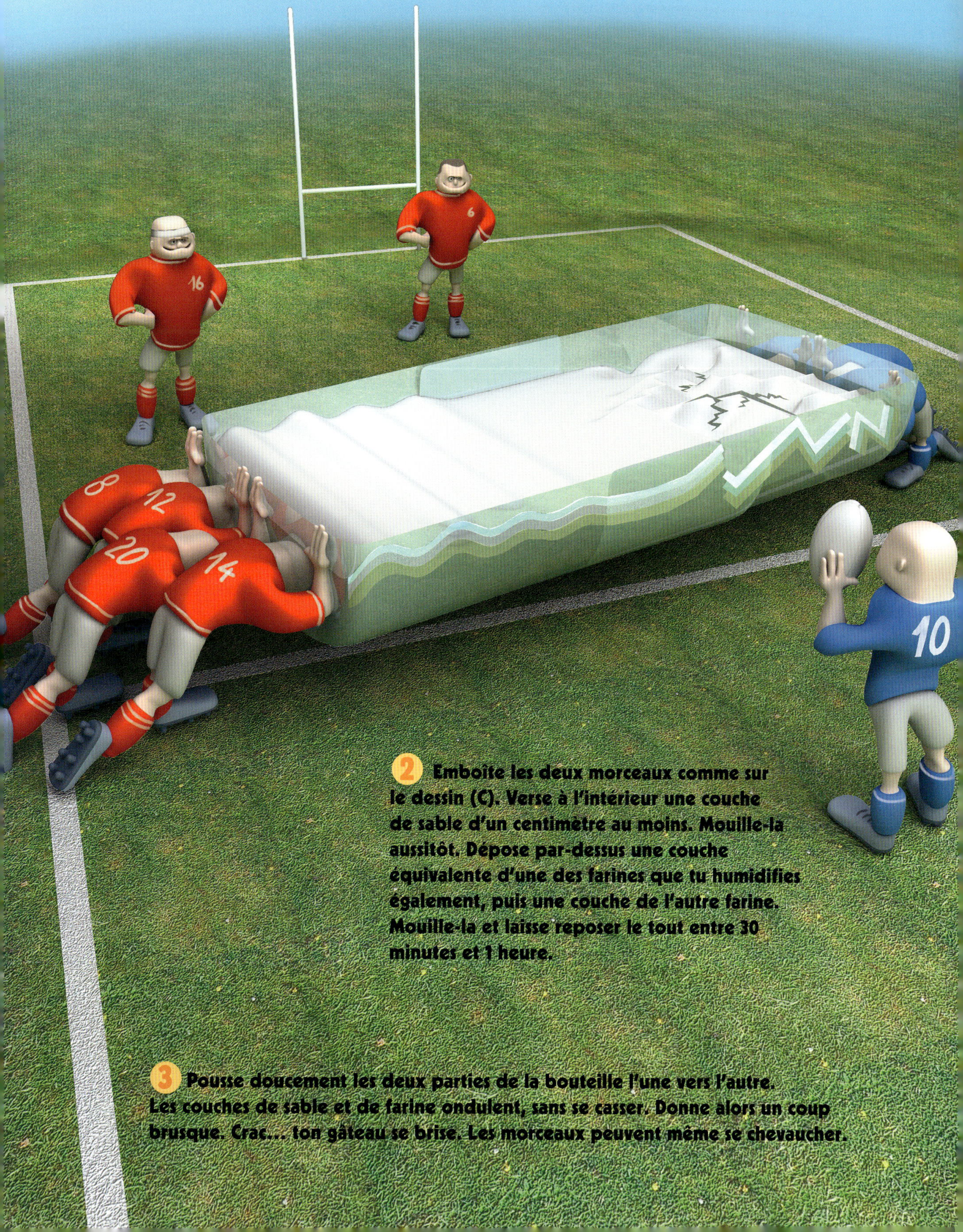

2 Emboîte les deux morceaux comme sur le dessin (C). Verse à l'intérieur une couche de sable d'un centimètre au moins. Mouille-la aussitôt. Dépose par-dessus une couche équivalente d'une des farines que tu humidifies également, puis une couche de l'autre farine. Mouille-la et laisse reposer le tout entre 30 minutes et 1 heure.

3 Pousse doucement les deux parties de la bouteille l'une vers l'autre. Les couches de sable et de farine ondulent, sans se casser. Donne alors un coup brusque. Crac... ton gâteau se brise. Les morceaux peuvent même se chevaucher.

Avalanche de yaourt

IL TE FAUT :

- Un yaourt assez liquide
- Un plateau
- Une bassine

COMMENT ÇA MARCHE ?

La neige s'écoule sur les pentes comme le yaourt sur le plateau.

Quand il fait très froid, les grains de neige sont solidement accrochés entre eux par des ponts de glace.

La couche de neige est dure.

Si la température augmente, ces liaisons fondent, et le tapis neigeux devient plus mou.

Il se transforme en pâte, ne tient plus sur la piste et finit parfois par glisser.

Cela est fréquent au printemps, lorsque l'air se réchauffe.

1 **Place le yaourt au congélateur jusqu'à ce qu'il soit gelé. Pose le plateau dans la bassine, en l'appuyant contre un bord pour l'incliner. Voilà une belle pente.**

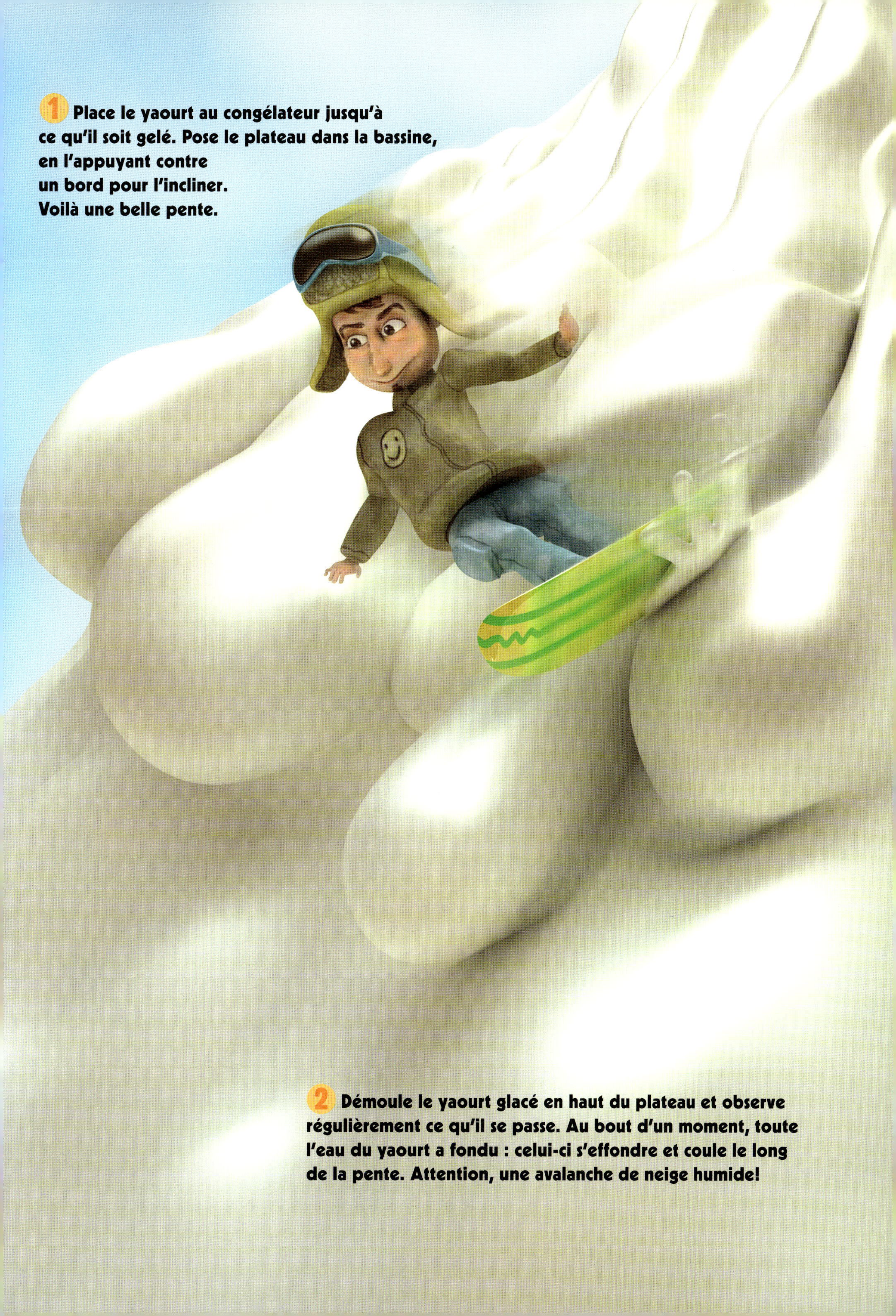

2 **Démoule le yaourt glacé en haut du plateau et observe régulièrement ce qu'il se passe. Au bout d'un moment, toute l'eau du yaourt a fondu : celui-ci s'effondre et coule le long de la pente. Attention, une avalanche de neige humide!**

Naissance d'une île

IL TE FAUT :

- **Un récipient d'environ 10 centimètres sur 20 centimètres**
- **Une bouteille de produit à vaisselle vide**
- **De l'eau**
- **Un torchon**

COMMENT ÇA MARCHE ?

Avec l'eau chaude, la glace fond, s'amincit et finit par se percer.

Un volcan de point chaud naît un peu de la même manière : le magma brûlant, une purée épaisse de roches fondues, remonte vers la surface et fait fondre l'écorce de la Terre.

Celle-ci devient de plus en plus fine et se troue, comme ta plaque de glace.

La lave (représentée par l'eau chaude de la bouteille) passe alors à travers et s'accumule pour former un volcan.

Au cours du temps, la croûte terrestre se déplace. Le magma la perfore alors un peu plus loin. Et un nouveau cracheur de feu surgit des entrailles de la Terre.

1 Prends le récipient et verse au fond quatre à cinq millimètres d'eau. Mets-le au congélateur. Une fois l'eau gelée, démoule la plaque de glace qui s'est formée.

2 Remplis la bouteille d'eau chaude et referme-la. Prends un torchon pour te protéger du froid et tiens la plaque d'une main, bien à l'horizontale. De l'autre, presse la bouteille de façon à projeter de l'eau sous la glace. Peu à peu un trou apparaît dans cette minibanquise.

Raz de marée

IL TE FAUT :

- Un morceau de polystyrène
- Un grand plat rectangulaire
- Un cutter
- Du ruban adhésif
- Du poivre
- Un marqueur
- De l'eau

COMMENT ÇA MARCHE ?

La chute du plat met l'eau en mouvement comme le ferait la secousse du sous-sol de l'océan lors d'un tremblement de terre.

Le choc se transmet à toute la masse d'eau.

Comme en pleine mer, il se forme une série de quatre ou cinq petites bosses qui se précipitent vers le polystyrène.

À l'approche du pan incliné, ces vagues sont ralenties par la profondeur moins importante.

Elles prennent de la hauteur, et un petit raz de marée s'abat sur le polystyrène en emportant les « habitants » et les « maisons » (les grains de poivre).

1 Dans le polystyrène, découpe un morceau qui a la forme d'une part de gâteau, comme sur le dessin. Il doit être de la même largeur et de la même profondeur que ton plat et d'environ 15 centimètres de long. Avec du ruban adhésif, colle-le au fond du plat, puis saupoudre-le de poivre.

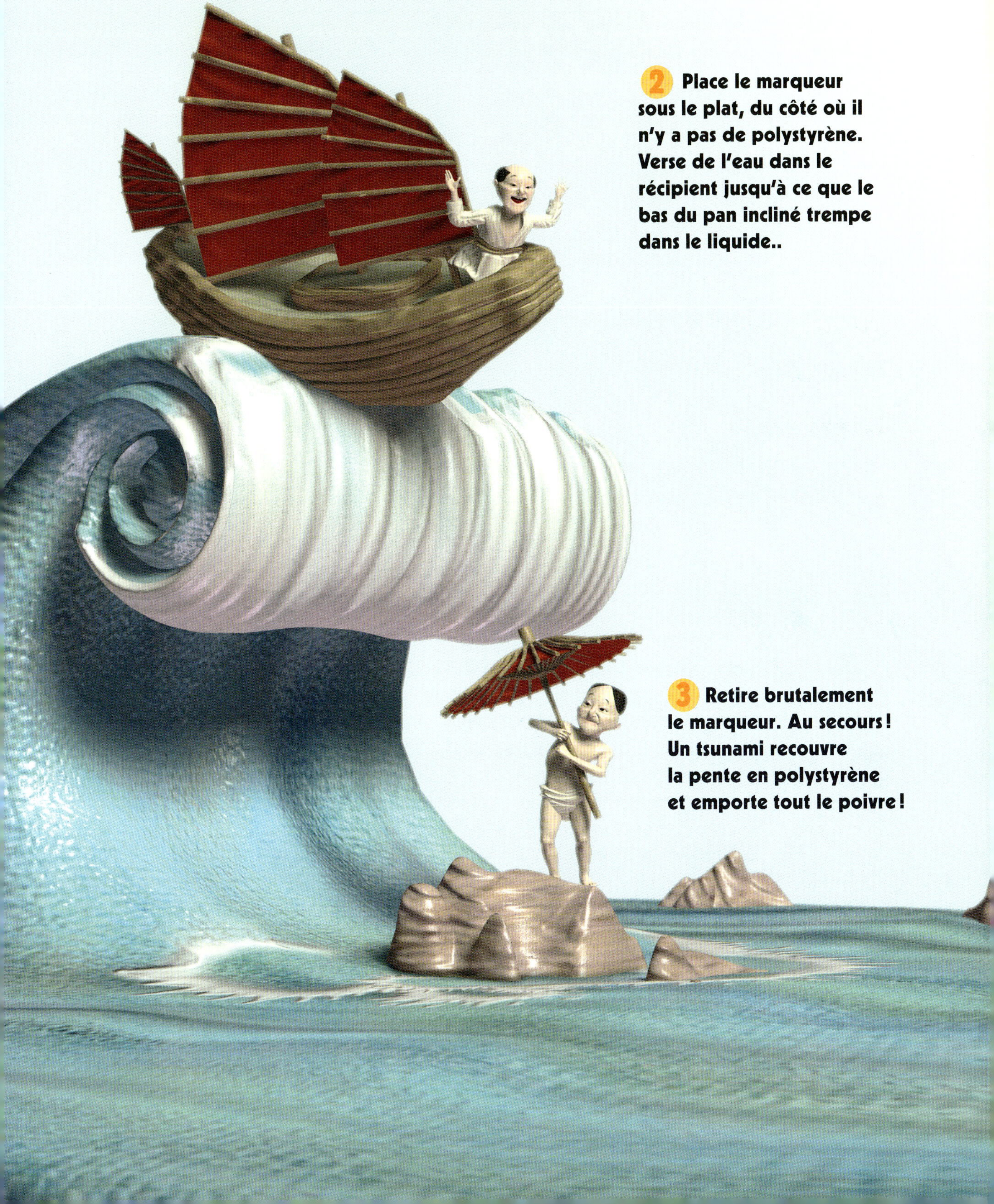

2 Place le marqueur sous le plat, du côté où il n'y a pas de polystyrène. Verse de l'eau dans le récipient jusqu'à ce que le bas du pan incliné trempe dans le liquide..

3 Retire brutalement le marqueur. Au secours ! Un tsunami recouvre la pente en polystyrène et emporte tout le poivre !

Un volcan explosif

IL TE FAUT :

- Quatre cent grammes de farine
- Vingt centilitres d'eau
- Un saladier
- Un petit verre
- Une grande planche en bois
- Cinq centilitres de vinaigre
- Du colorant alimentaire rouge
- Une cuillerée à soupe de bicarbonate de soude

COMMENT ÇA MARCHE ?

Attention! Tu viens de réaliser une éruption en produisant une réaction chimique entre le vinaigre et le bicarbonate de soude.

Cela ressemble à une éruption volcanique, mais ce n'est pas ainsi que se forment les volcans sur Terre. Ils naissent lorsque des mouvements des plaques de l'écorce terrestre font remonter le magma de la Terre.

Le magma ne remonte pas directement du centre de la Terre. Il s'accumule dans un ou plusieurs réservoirs appelés des chambres magmatiques.

Selon la température du magma et la quantité de gaz présents notamment, l'éruption est plus ou moins violente : la lave est fluide, déferlant à plusieurs dizaines de km/h, ou molle, dégoulinant lentement sur les flancs du volcan, ou encore elle produit des panaches de cendres volcaniques de plusieurs kilomètres de haut.

1 Verse la farine et l'eau dans le saladier. Mélange bien jusqu'à obtenir une boule de pâte. Si elle est trop collante, rajoute de la farine. Place le verre au milieu de la planche en bois. Verse le vinaigre dans le verre et rajoute quelques gouttes de colorant.

2 Sculpte la pâte pour faire un cône renversé autour du verre. On ne doit pas en voir les bords. Place le tout sur l'évier.

3 Appelle tes amis, tes parents et fais-leur une belle démonstration d'éruption volcanique en rajoutant la cuillerée à soupe de bicarbonate de soude dans le verre.

Une tornade en bouteille

IL TE FAUT :

- **Deux bouteilles en plastique de 2 litres**
- **De l'eau**
- **Du colorant alimentaire**
- **Du ruban adhésif**

COMMENT ÇA MARCHE ?

Quand tu as donné un mouvement de rotation, celui-ci se transmet à l'eau dans la bouteille et l'eau ne s'écoule plus du tout de la même façon.

La rotation de l'eau provoque un creux au centre des bouteilles, et elle s'écoule désormais sans créer de bulles d'air. L'air monte dans la bouteille du haut en circulant par ce passage au centre des bouteilles tandis que l'eau descend en tournant de plus en plus vite.

Peut-être as-tu remarqué que la vitesse du tourbillon est plus grande au passage des goulots, là où le diamètre est le plus petit.

Les tornades et les cyclones se forment de la même façon. Ce sont des colonnes d'air qui tournent et se déplacent, dévastant tout sur leur passage. Au centre de ces colonnes, c'est le calme plat!

1 **Remplis aux trois quarts une des bouteilles avec de l'eau. Colore l'eau avec quelques gouttes de colorant alimentaire puis pose le goulot de la bouteille vide sur le goulot de la bouteille contenant l'eau.**

2 **Entoure solidement les deux goulots avec du ruban adhésif solide de façon à fixer ensemble les bouteilles.**

3 **Retourne les bouteille à l'envers (de préférence au-dessus d'un évier au cas où il y aurait des fuites) et observe l'écoulement de l'eau. Répète l'expérience en donnant un mouvement de rotation à la bouteille d'eau dès qu'elle est retournée. Que se passe-t-il?**

Super Puissance

L'électricité

La canette et le ballon

IL TE FAUT :

- **Une canette vide**
- **Un ballon de baudruche gonflé**

COMMENT ÇA MARCHE ?

Encore un coup de la fée électricité!

Quand tu frottes deux objets l'un contre l'autre, ils peuvent s'échanger une partie des particules électriques qu'ils contiennent.

C'est ce que l'on appelle l'électricité statique.

Le caoutchouc capte quelques particules sur tes cheveux. Ce petit plus fait qu'il devient négatif, électriquement parlant.

Par rapport au ballon, la canette, qui n'a été frottée à rien, passe pour électriquement positive.

Or, les charges électriques contraires s'attirent comme des aimants.

Et la canette suit le ballon.

1 Couche la canette sur une table. Frotte le ballon une vingtaine de fois sur tes cheveux.

2 Approche le ballon de la canette sans la toucher puis tire-le lentement vers toi. Incroyable : la boîte de métal le suit!

Pile ou force

IL TE FAUT :

- Du ruban adhésif
- Un morceau de fil électrique fin dénudé (sans la gaine) d'environ cinquante centimètres de long ou du fil de fer
- Une pile de 9 volts
- Un gros clou
- Des épingles

COMMENT ÇA MARCHE ?

Lorsque le courant traverse le fil électrique, il crée autour de celui-ci un champ magnétique.

Habituellement, cette force invisible est faible. Mais ce n'est pas le cas ici, car le fil est embobiné autour du clou.

Chaque cercle produit un petit champ magnétique qui s'additionne à ceux des autres cercles. À eux tous, ils provoquent une force suffisamment importante pour réussir à aimanter le clou. Et ce dernier attire alors à lui tous les objets capables d'être aimantés, comme les épingles.

C'est le principe des électroaimants, des aimants dont le pouvoir provient de la circulation d'électricité. Ce type d'outil est souvent utilisé dans l'industrie pour transporter des objets métalliques très lourds. C'est pratique, car dès que le courant est coupé, le fardeau est libéré.

1 Fixe avec du ruban adhésif une extrémité du fil sur l'un des plots de la pile. Enroule-le ensuite en rang très serré autour du clou. Attache l'autre bout du fil au second plot.

2 Place les épingles sous la pointe du clou. Elles sont immédiatement attirées. Bravo! tu as fabriqué un électroaimant.

En série, en parallèle

IL TE FAUT :

- Quatre morceaux de vingt centimètres de fil électrique
- Une pince pour couper le fil électrique
- Une pile de 4,5 volts
- Deux petites ampoules de 3,5 volts et leurs douilles

COMMENT ÇA MARCHE ?

Le premier montage que tu as réalisé s'appelle un circuit en parallèle. Chaque ampoule éclaire assez bien, car chacune d'elles reçoit son propre courant. L'avantage : si une ampoule est cassée, l'autre continuera d'éclairer.

Le second montage que tu as réalisé s'appelle un circuit en série. Les ampoules se partagent le courant provenant de la pile. Résultat : elles éclairent peu, et si l'une d'elles casse, l'autre s'éteindra également.

C'est ce qui arrive souvent à certaines guirlandes de Noël : si une ampoule est grillée, la guirlande est à jeter!

En revanche, les habitations sont alimentées avec des circuits en parallèle : pas besoin de débrancher le réfrigérateur pour s'éclairer correctement!

Et l'ampoule cassée du voisin ne plongerait pas le quartier dans le noir!

1 **Dénude chaque extrémité des fils électriques de quatre centimètres environ à l'aide de la pince. Enroule une extrémité autour de la pile et l'autre sous la vis d'une des douilles. Enroule l'extrémité d'un deuxième fil sur le second plot de la pile puis sous la vis de la seconde douille. Relie les douilles à l'aide d'un troisième fil. Observe comment les ampoules éclairent.**

2 **Défais ton installation en laissant juste les fils attachés aux bornes de la pile. Relie-les à la première douille puis relie cette douille à la seconde avec deux fils. Les ampoules éclairent-elles avec la même intensité ?**

Lumière, SVP !

IL TE FAUT :

- Deux fils électriques de 25 centimètres
- Une pince pour couper le fil électrique
- Une pile de 4,5 volts
- Un tampon de laine de fer

COMMENT ÇA MARCHE ?

La laine de fer s'est mise à rougir. C'est exactement ce qui se passe dans une ampoule : le courant électrique, en passant dans le fil, l'échauffe. Il rougit, et c'est ce rougeoiement qui éclaire. Plus le fil est mince, plus le dégagement de chaleur sera important.

Les filaments des ampoules doivent donc être à la fois très minces pour éclairer le plus fortement possible et très résistants. La mise sous vide empêche le filament de brûler.

Le fil était à l'origine en charbon et a été remplacé par un autre métal, le tungstène, qui peut chauffer jusqu'à 3 000 °C sans fondre et peut éclairer plus de 1 000 heures.

Deux inventeurs sont à l'origine de l'ampoule : l'Américain Thomas Edison et l'Anglais Joseph Swan. Seuls des milliers de kilomètres et quelques heures d'intervalle séparent l'invention du premier de celle du second.

1 Cette expérience est à réaliser dans la pénombre. Dénude chaque extrémité des fils électriques de 4 centimètres environ à l'aide de la pince. Enroule une extrémité de chaque fil autour d'une borne de la pile. Coupe un fil de 7 centimètres de laine de fer et coince chaque extrémité dans les extrémités des fils électriques. Attends quelques minutes en observant la laine de fer. Que se passe-t-il?

On/off

IL TE FAUT :

- Un trombone
- Deux attaches parisiennes
- Un morceau de carton de 10 centimètres sur 10 centimètres
- Trois morceaux de 25 centimètres de fil électrique
- Une pince pour couper le fil électrique
- Une pile de 4,5 volts
- Une petite ampoule de 3,5 volts et sa douille
- Des conducteurs et des isolants

COMMENT ÇA MARCHE ?

Tant que le trombone ne met pas en contact les attaches parisiennes, l'ampoule ne s'allume pas.

Logique : le trombone permet de faire le contact entre les deux parties du circuit électrique. Sans ce lien, le courant ne peut pas circuler.

Et que se passerait-il si tu essayais de remplacer le trombone par de la craie, une gomme ou d'autres matériaux?

Tu peux faire l'expérience pour tester la conductivité des matériaux. Le fer du trombone est un bon conducteur et laisse passer le courant.

Un interrupteur fonctionne de la même manière que le trombone : il interrompt le circuit.
On retrouve les interrupteurs sur la plupart des appareils électroménagers : c'est le bouton on/off.

1 Glisse le trombone dans les pattes d'une des attaches parisiennes puis fixe-les sur le morceau de carton de manière que les têtes soient espacées de 2 centimètres maximum. Au dos du carton, les deux pattes ne doivent pas se toucher.

2 Dénude chaque extrémité des fils électriques de 4 centimètres environ à l'aide de la pince. Enroule une extrémité autour d'un plot de la pile et l'autre sous la vis de la douille de l'ampoule. Enroule une extrémité du deuxième fil sur le second plot de la pile et l'autre autour de la tête d'unedes attaches parisiennes.

3 Attache une extrémité du troisième fil sur la seconde vis de la borne de la pile et l'autre autour de la tête de la seconde attache parisienne.

4 Ton circuit électrique est prêt. Mais pourquoi l'ampoule ne s'allume-t-elle pas? Place maintenant le trombone contre la tête de la seconde attache parisienne.

L'eau électrique

IL TE FAUT :

- **Trois morceaux de 25 cm de fil électrique**
- **Une pince pour couper le fil électrique**
- **Une pile de 4,5 volts**
- **Une petite ampoule de 3,5 volts et sa douille**
- **Un petit verre**
- **De l'eau déminéralisée**
- **Une cuillère**
- **Du sel fin**

COMMENT ÇA MARCHE ?

Lorsque tu as plongé les deux extrémités des fils dans l'eau, l'ampoule ne s'est pas allumée. Puis elle s'est allumée faiblement quand tu as rajouté un peu de sel, et de plus en plus fortement au fur et à mesure de tes ajouts de sel.

Pourquoi? L'eau n'est pas un bon conducteur d'électricité.

Lorsque tu rajoutes du sel, les atomes (plus petites quantités de matière) du sel sont chargés électriquement et permettent ainsi le passage de l'électricité.
Le sel est un conducteur, l'eau est un isolant. C'est la raison pour laquelle les piles salines contiennent de l'eau salée, les piles alcalines contiennent un alcalin comme la soude et les piles au lithium, du lithium. L'eau seule ne permettrait pas le passage du courant entre les différents métaux composant les piles.

1 Dénude chaque extrémité des fils électriques de 4 centimètres environ à l'aide de la pince. Enroule une extrémité autour d'un plot de la pile et l'autre sous la vis de la douille de l'ampoule. Enroule l'extrémité du deuxième fil sur le second plot de la pile puis attache l'extrémité du troisième fil sur la seconde vis de la douille.

2 Ton circuit électrique est prêt. Remplis le petit verre d'eau déminéralisée. Trempe les deux extrémités des fils dans le verre. Que se passe-t-il? Retire les fils et rajoute 2 cuillerées de sel. Mélange. Remets les fils dans le verre. Que constates-tu? Remets petit à petit du sel dans le verre et plonges-y à chaque fois les fils. Qu'observes-tu?

CANTINA

Les forces et les mouvements

De l'eau collante

IL TE FAUT :

- Une plaque de verre (un sous-verre, par exemple)
- Une éponge
- De l'eau

COMMENT ÇA MARCHE ?

La table et la plaque de verre ne sont pas parfaitement lisses. Leur surface présente des aspérités.

Quand la table est sèche, il n'y a que quelques points de contact entre elle et la plaque (les molécules de la table et celles du verre adhèrent au niveau de ces points).

Dans la deuxième expérience, l'eau remplit les vides entre les deux surfaces, créant ainsi une zone de contact plus importante.

Lorsque la couche d'eau est assez mince, tu dois surmonter une force d'adhésion plus grande qu'avant pour décoller ta plaque de verre.

Dans la troisième expérience, l'épaisseur du film d'eau est plus grande que les molécules. Celles du verre et de la table ne s'attirent donc plus entre elles. Soulever la plaque est plus facile, car il suffit de lutter contre les forces d'attraction existant entre les molécules d'eau. Ces forces sont moins puissantes que celles qui existent entre l'eau et la table ou l'eau et le verre.

1 Pose la plaque de verre sèche sur la table de la cuisine. Essaie alors de la soulever. Elle résiste un peu, mais pas trop.

2 Humidifie à présent la table avec l'éponge mouillée, puis recommence la même expérience. Tu dois déployer plus de force pour décoller la plaque de verre.

3 Refais une dernière fois l'expérience. Mais cette fois, verse une bonne quantité d'eau sur la table. La plaque se détache plus facilement que la deuxième fois.

Duel de ballons

IL TE FAUT :

- **Deux ballons de baudruche identiques**
- **Un tube de stylo à bille (sans trou dans le tube)**
- **Deux pinces à linge**

COMMENT ÇA MARCHE ?

Observe de près la paroi de chaque ballon gonflé. Celle du petit est plus courbée que celle du grand.

Or, la force qui tend une paroi arrondie est plus importante que celle qui tend une paroi plus droite.

Du coup, quand tu enlèves les pinces, cette force contracte plus les parois du petit ballon et c'est lui qui se vide.

Le même type de phénomène existe pour un arc!

Plus sa corde est tirée (et donc courbée), plus la force est importante et plus la flèche va loin.

1 Gonfle beaucoup l'un des ballons et l'autre à peine. Enfile l'embout de chacun d'eux à une extrémité du tube, sans qu'ils se dégonflent. Maintiens-les bien fermés avec les pinces à linge.

2 Ôte les pinces. Zouff! L'air passe dans le tube en plastique et... le petit ballon se vide dans le gros! Surpris?

Tournicoti ! Tournicota !

IL TE FAUT :

- De l'alcool à brûler
- Un verre
- De l'huile
- Une baguette en bois
- De l'eau

COMMENT ÇA MARCHE ?

En tournant la baguette dans le verre, tu crées une force centrifuge dans le liquide qui projette les gouttes vers les bords du récipient.

Cette force te permet, par exemple, d'essorer de la salade : en tournant très vite le panier, l'eau est éjectée vers l'extérieur.

Ainsi, dans ton verre, les perles d'huile s'écartent les unes des autres et dessinent un anneau autour de ta baguette.

Il se passe à peu près la même chose autour de Saturne. Les blocs de pierre qui constituent ses anneaux tourbillonnent si rapidement autour de la planète qu'ils restent à une certaine distance d'elle. Ils s'étalent et forment des anneaux.

1 Verse de l'alcool à brûler dans le verre (un tiers de la hauteur). Fais couler des gouttes d'huile le long de la baguette. Ajoute de l'eau jusqu'à ce que l'huile remonte vers le milieu du verre.

2 Fais tourner rapidement la baguette dans ta mixture. Les gouttes d'huile se mettent en cercle. Plus tu remues vite, plus le collier de bulles s'élargit.

Poisson nage !

IL TE FAUT :

- Une feuille de papier
- Des ciseaux
- Une grande cuvette, un lavabo ou une baignoire
- De l'huile et de l'eau

COMMENT ÇA MARCHE ?

L'huile ne se mélange pas avec l'eau.

Mais comme elle cherche à se répandre à la surface du liquide, elle remplit le trou du centre, passe par le canal puis s'échappe par l'arrière du poisson.

Ce dernier est alors propulsé en sens inverse de celui de l'écoulement de l'huile, c'est-à-dire vers l'avant.

Tu as ainsi fabriqué un poisson à réaction.

1 Dans une feuille de papier, découpe un petit poisson. Crée une ouverture ronde au centre qui se prolonge par un canal étroit jusqu'au bout de la queue.

2 Remplis ta cuvette d'eau. Pose le poisson à la surface en prenant soin que sa face inférieure soit entièrement mouillée et sa face supérieure totalement sèche. Verse délicatement une grosse goutte d'huile dans le trou situé au centre du poisson. Surprise : il avance tout seul à la surface de l'eau.

La poussée d'Archimède

IL TE FAUT :

- 60 cm de ficelle
- Du ruban adhésif
- Un flacon en plastique avec son bouchon
- Une grand élastique
- Un trombone
- Une règle
- Un évier

COMMENT ÇA MARCHE ?

Tu as pu te rendre compte que les deux mesures ne sont pas les mêmes. L'étirement de l'élastique quand le dispositif est dans l'air correspond au poids du flacon.

Or, la longueur de l'élastique est plus courte lorsque le flacon est plongé dans l'eau, alors que le poids du flacon reste inchangé. Pourquoi?

Cela est dû au fait qu'une partie du poids est supportée par l'eau. Ce principe a été découvert par Archimède au IIIe siècle avant J.-C. : tout corps plongé dans l'eau subit une poussée vers le haut égale au poids du volume déplacé.

Il s'applique également pour d'autres fluides comme l'air. Une montgolfière peut flotter dans l'air parce que le ballon rempli d'air chaud est plus léger que le volume d'air froid déplacé.

1 Passe la ficelle sous le flacon et attache-la à l'aide du ruban adhésif de chaque côté du flacon. Passe l'élastique à l'intérieur de la ficelle et fais un nœud avec les deux extrémités de la ficelle.

2 Accroche le trombone à l'élastique. Soulève suffisamment le trombone pour que le flacon ne touche plus terre et note à l'aide de la règle l'étirement de l'élastique.

3 Recommence en posant cette fois le flacon dans un évier rempli d'eau. Le flacon ne doit pas toucher le fond de l'évier. Les deux mesures sont-elles les mêmes ?

Le ballon de l'espace

IL TE FAUT :

- Du fil de couture
- Du ruban adhésif
- Une paille
- Un ballon de baudruche

COMMENT ÇA MARCHE ?

Que s'est-il passé? Lorsque tu as lâché le ballon, l'air s'est échappé dans un sens et a propulsé le ballon dans l'autre sens.

Ce principe est le même pour tous les corps en mouvement : dès qu'il y a une action, il y a une réaction.

Autrement dit, quand une force s'exerce dans un sens, une autre force de valeur égale s'exerce dans un autre sens.

Ce principe a été découvert par Isaac Newton et est décrit dans son livre *Principes mathématiques de philosophie naturelle* en 1687. Il est essentiel pour faire démarrer une fusée.

C'est la puissance des gaz s'échappant des réacteurs sur le sol qui fait décoller la fusée vers le ciel.
Exactement de la même façon que l'air qui s'échappe du ballon le propulse vers le haut.

1 Pour connaître la longueur du fil dont tu as besoin, calcule approximativement la hauteur entre le sol et le plafond de la pièce dans laquelle tu as décidé de faire ton expérience puis rajoute 30 centimètres. Demande à un adulte d'accrocher l'une des extrémités du fil au plafond à l'aide du ruban adhésif. Passe l'autre extrémité du fil à l'intérieur de la paille.

2 Coupe un morceau de ruban adhésif de 10 centimètres, tu en auras besoin tout à l'heure. Gonfle au maximum le ballon de baudruche et pince l'extrémité du ballon entre ton pouce et ton index. Scotche le milieu du ballon à la paille, comme sur le dessin (tu peux demander de l'aide, cette opération est délicate car tu n'as qu'une main libre!)

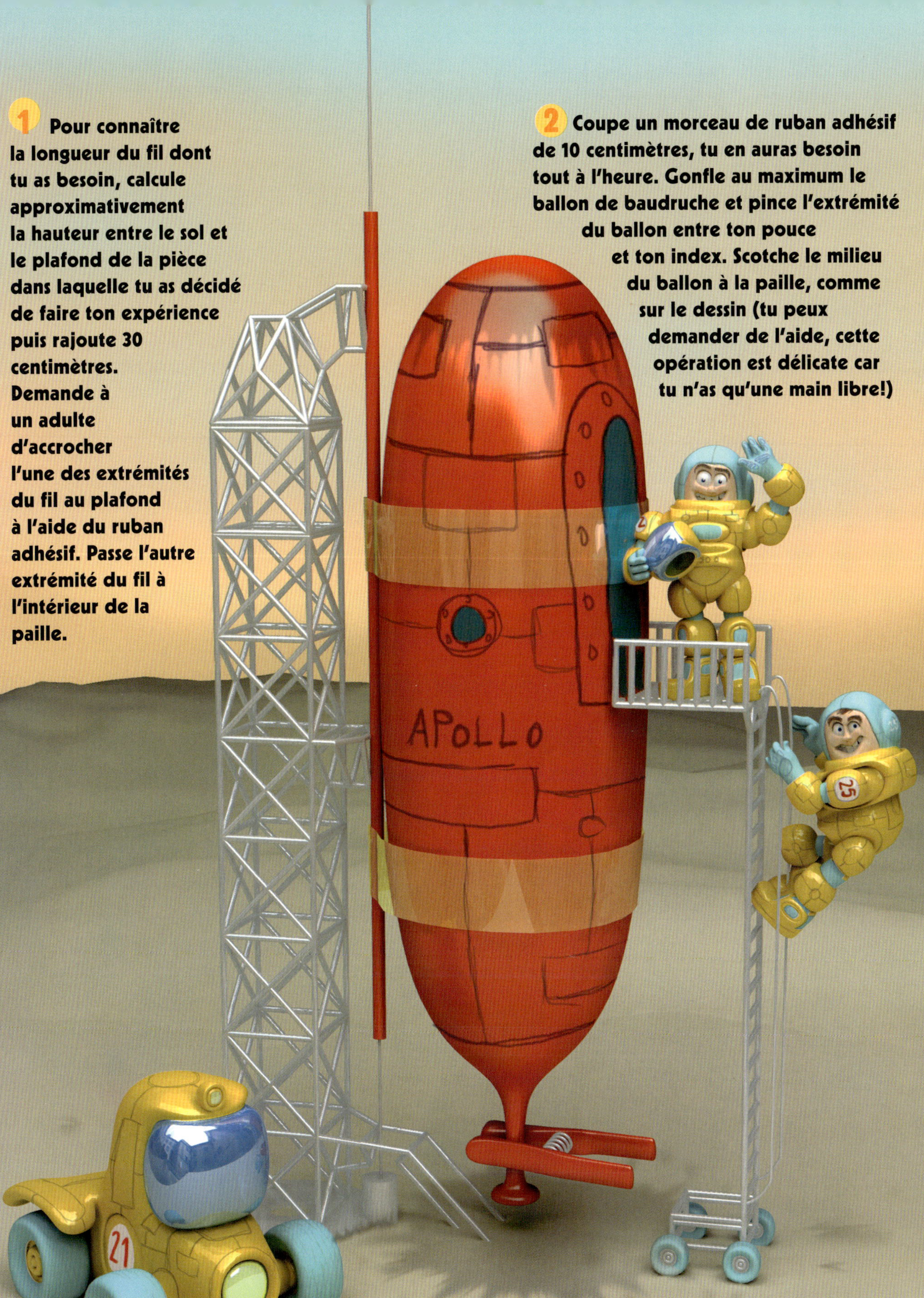

3 Mets ton ballon le plus près possible du sol et laisse-le s'envoler.

Les instruments de mesure

Un microscope à l'eau

IL TE FAUT :

- Du carton
- De la pâte à modeler
- Une punaise
- Un crayon
- Un peu d'eau
- Du plastique transparent
- Du ruban adhésif

COMMENT ÇA MARCHE ?

L'instrument que tu as construit est un « aquascope ».

La goutte d'eau a la même forme qu'un verre grossissant. Elle joue un peu le rôle d'une loupe!

Les rayons de lumière qui la traversent sont déviés.

L'objet que tu vois à travers la gouttelette t'apparaît donc plus gros qu'il ne l'est en réalité.

1 **Pose le carton sur une boule de pâte à modeler et perce-le avec la punaise. Attention, ne te pique pas! Enlève la punaise et agrandis le trou en faisant tourner plusieurs fois la mine du crayon dedans.**

2 **Ôte la boule de pâte à modeler. Place un bout de plastique transparent sur le trou et fixe-le avec du ruban adhésif.**

3 **Trempe ton crayon dans un peu d'eau et dépose une goutte sur le plastique, au niveau du trou. Ton « microscope » est prêt! Pose-le délicatement sur ton Science & Vie Découvertes... À travers la goutte, tu verras les articles écrits en plus gros caractères!**

Attirant ou repoussant ?

IL TE FAUT :

- Deux gobelets en plastique
- Des ciseaux
- De la pâte à modeler
- Quatre pailles recourbées
- Du ruban adhésif invisible
- Un peigne
- Un morceau de laine

COMMENT ÇA MARCHE ?

L'électroscope permet de mesurer les charges statiques.

Lorsque tu as frotté les deux morceaux de ruban adhésif sur la table, ils se sont chargés électriquement (positivement ou négativement selon la matière de la table). Et deux charges de même signe se repoussent.

Lorsque tu as collé et décollé les deux morceaux de ruban adhésif, l'un a pris plus de charge électrique que l'autre. Et deux charges opposées s'attirent.

Lorsque tu approches le peigne chargé négativement avec la laine, le ruban chargé négativement est repoussé tandis que l'autre est attiré. C'est ce qu'il se passe aussi dans la nature lors d'un orage. Des charges négatives s'accumulent dans les nuages. Pour rétablir l'équilibre, les charges négatives se précipitent vers le sol, chargé positivement, formant une étincelle.

1 Découpe les gobelets en plastique au tiers de leur hauteur. Remplis-les de pâte à modeler. Plante 2 pailles dans chaque gobelet. Les extrémités recourbées doivent arriver à la même hauteur. Ton électroscope est prêt.

2 Découpe deux morceaux de ruban adhésif de 10 centimètres de long et pose-les face collante vers le haut sur une table. Laisse dépasser les extrémités pour pouvoir les attraper rapidement et les coller sur le dessous des extrémités des pailles. Approche les deux morceaux de ruban adhésif l'un vers l'autre. Ils se repoussent.

3 Reprends deux autres morceaux de ruban adhésif et pose-les doucement l'un contre l'autre, face collante contre face non collante puis détache-les vivement et pose-les comme précédemment sur les pailles. Approche les deux morceaux de ruban adhésif l'un vers l'autre. Ils s'attirent.

4 Approche un peigne que tu auras frotté contre un morceau de laine vers les morceaux de ruban adhésif. L'un est attiré, l'autre repoussé.

Écoute la Terre

IL TE FAUT :

- Du ruban adhésif
- Une règle de 50 centimètres
- Deux bouteilles d'eau de 1,5 litre, pleines
- Un mètre de ficelle de cuisine
- Une petite bouteille de lait ou une bouteille d'eau de 33 centilitres
- Un feutre
- Deux feuilles blanches

COMMENT ÇA MARCHE ?

Un sismographe est un appareil qui sert à enregistrer les mouvements de la Terre. Grâce à ces appareils inventés à la fin XIXe siècle, les géologues peuvent connaître avec précision l'intensité des tremblements de terre : plus les lignes tracées sont grandes et plus les secousses sont importantes. Placés à proximité des zones à risque, ils servent également à prévoir des tremblements de terre, plusieurs petits séismes survenant souvent avant un séisme de grande ampleur. Le sismographe que tu viens de réaliser fonctionne sur le même principe que les premiers sismographes... Sauf que ton ami(e) était remplacé(e) par une bande de papier qui se déroulait automatiquement. Avant de tout ranger, tu peux suspendre des feutres de plusieurs couleurs et dessiner des formes amusantes en déplaçant la petite bouteille.

1 À l'aide du ruban adhésif, attache les extrémités de la règle sur les goulots des bouteilles.

2 Mets le milieu de la ficelle sur la face collante d'un morceau de ruban adhésif de 15 cm. Pose la bouteille au milieu et fixe les deux morceaux de ruban adhésif le long de la bouteille.

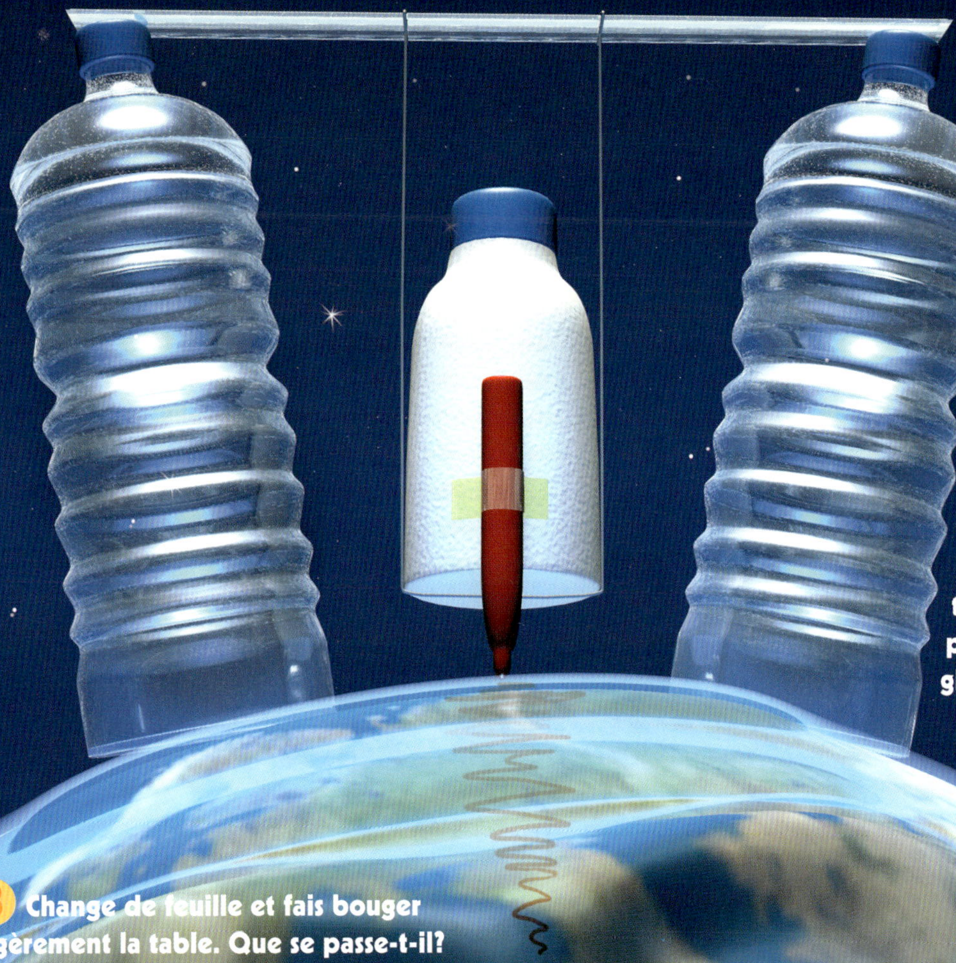

4 Attache les extrémités de la ficelle au centre de la règle à la même hauteur, puis scotche le feutre à l'aide du ruban adhésif sur un côté de la bouteille où il n'y a pas de ficelle. La pointe doit toucher la feuille de papier que tu auras glissée dessous.

3 Change de feuille et fais bouger légèrement la table. Que se passe-t-il? Remets une nouvelle feuille blanche sous le marqueur et demande à un(e) ami(e) de déplacer la feuille pendant que tu bouges la table.

La pluie et le beau temps

IL TE FAUT :

- **Des ciseaux**
- **Un ballon de baudruche**
- **Un bocal en verre vide**
- **De la colle**
- **Une paille droite**
- **Deux morceaux de carton épais, l'un de 10 centimètres x 30 centimètres et l'autre de 20 centimètres x 5 centimètres**
- **Un trombone**
- **Des feutres**

COMMENT ÇA MARCHE ?

C'est magique, non? Mais comment ça marche? C'est assez simple. Un baromètre, qu'il soit au mercure ou comme celui que tu viens de réaliser, fonctionne de la même manière : il mesure la pression atmosphérique.

Sais-tu ce que c'est? L'atmosphère est la couche d'air qui entoure la Terre. Elle exerce une pression sur notre planète et a un poids que l'on peut mesurer.

Lorsque la pression atmosphérique augmente, l'air (froid) pousse sur la membrane du ballon, il s'enfonce dans le bocal, et cela signifie souvent qu'il fera beau. Quand la pression atmosphérique est basse, l'air (chaud) fait gonfler la membrane, et le temps sera mauvais.

Et, lorsqu'elle est stable, le temps ne varie pas. Te voilà équipé pour prévoir le temps pour 24 à 48 heures.

1 Coupe l'embout du ballon à 4,5 cm du bord et pose-le sur le bocal. Colle une extrémité de la paille au centre du ballon.

2 Plie le bas du petit carton à 3 centimètres et découpe deux entailles de même taille de manière à obtenir 3 languettes. Retourne la languette du milieu d'un côté, les languettes extérieures de l'autre côté. Colle les languettes ainsi disposées à l'extrémité du grand morceau de carton. Pose le bocal à l'autre extrémité du grand carton de façon que la paille arrive à 1 centimètre du petit carton.

3 Fais une légère marque sur le petit carton à l'endroit où arrive la paille. Dessine un soleil au-dessus et un nuage en dessous.

4 Place ton trombone au niveau de la marque, il te servira de repère lorsque la paille bougera.

5 Emporte ton installation dehors et observe chaque jour les variations de la paille.

Liquides à mesurer

IL TE FAUT :

- Une feuille de papier d'aluminium de 20 centimètres x 20 centimètres
- Un grand verre
- Une paille droite
- Un compas
- Une feutre indélébile
- Un chewing-gum déjà mâché
- De l'eau
- De l'huile

COMMENT ÇA MARCHE ?

Lorsque tu as recommencé la mesure dans l'huile, la paille est descendue dans le verre, ce qui prouve que sa densité est plus faible. La densité, qu'est-ce que c'est?

C'est la mesure de la masse d'un corps par rapport à son volume. La masse, et non le poids : 1 litre d'huile pèse autant que 1 litre d'eau, mais leurs densités sont différentes.

La densité de l'eau est de 1. Il existe une autre manière de vérifier la densité des liquides de manière moins précise. Ainsi, si tu verses dans un grand verre de l'eau et de l'huile, l'huile, moins dense, surnagera. Et si tu ajoutes de l'alcool? du jus de fruits? Tu pourras déterminer leur densité par rapport aux autres liquides en fonction de l'endroit où ils se positionnent dans le verre. Le plus dense au fond, le plus léger au-dessus.

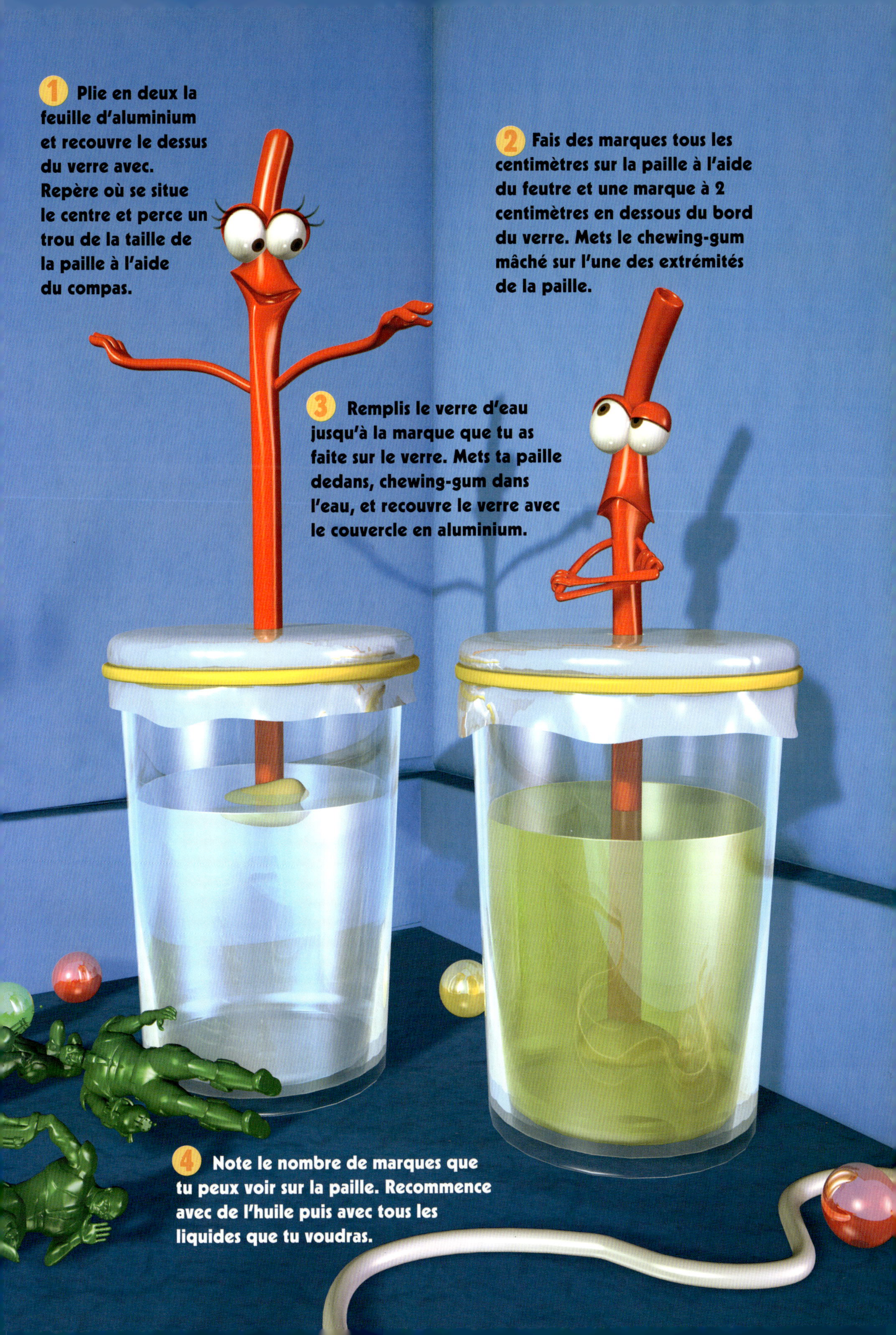

1. Plie en deux la feuille d'aluminium et recouvre le dessus du verre avec. Repère où se situe le centre et perce un trou de la taille de la paille à l'aide du compas.

2. Fais des marques tous les centimètres sur la paille à l'aide du feutre et une marque à 2 centimètres en dessous du bord du verre. Mets le chewing-gum mâché sur l'une des extrémités de la paille.

3. Remplis le verre d'eau jusqu'à la marque que tu as faite sur le verre. Mets ta paille dedans, chewing-gum dans l'eau, et recouvre le verre avec le couvercle en aluminium.

4. Note le nombre de marques que tu peux voir sur la paille. Recommence avec de l'huile puis avec tous les liquides que tu voudras.

Une horloge à eau

IL TE FAUT :

- **Deux bouteilles en plastique**
- **Un compas**
- **De l'eau**
- **Une montre avec une trotteuse**
- **Un feutre indélébile**

COMMENT ÇA MARCHE ?

Il faut essayer de ne pas faire un trop gros trou pour éviter que l'écoulement ne soit trop rapide ! En remplaçant l'eau par un autre liquide ayant une densité plus faible que l'eau, on peut augmenter les durées d'écoulement. Les horloges à eau ont réellement existé.

Le cadran solaire et son ancêtre, le gnomon, permettaient de se situer dans le temps grâce à l'ombre portée du soleil sur le sol. Oui, mais comment faire la nuit ? Pour utiliser une clepsydre, il suffit d'avoir de l'eau.

Les clepsydres étaient également plus précises. Leurs concurrents étaient les sabliers et les bougies. Puis la première horloge mécanique fut conçue, au XIIIe siècle. Mais il faudra attendre plusieurs siècles avant qu'elle ne se généralise dans les foyers, laissant de beaux jours devant eux aux clepsydres, sabliers et bougies.

1 Demande de l'aide à un adulte pour couper la première bouteille aux deux tiers de sa hauteur et percer le fond de la deuxième, qui sera à moitié remplie d'eau, avec la pointe du compas.

2 Retourne rapidement la bouteille percée sur l'autre et coince-la dessus. Ouvre le bouchon et note toutes les 30 secondes le niveau atteint par l'eau dans la bouteille inférieure.

3 Une fois que toute l'eau est écoulée et que les marques sont faites, la clepsydre est prête à indiquer l'heure… à condition de toujours rajouter la même quantité d'eau dans la bouteille percée.

CAHIER SCIENTIFIQUE

La Terre et l'univers

La matière

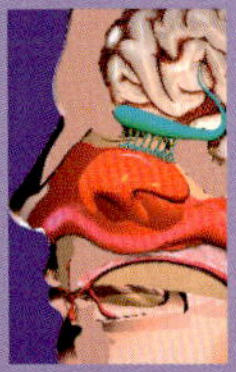

Le corps humain

Le monde du vivant

Les phénomènes naturels

L'électricité

Les forces et les mouvements

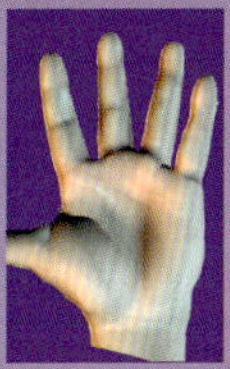

Les instruments de mesure

Le système solaire

Solaire ? et pourquoi pas terrestre ? Parce que c'est le Soleil qui est au cœur du système et non la Terre. Neuf planètes et leur soixantaine de satellites naturels tournent autour du soleil ainsi que des millions de corps plus petits : comètes, astéroïdes et météores. La naissance du système solaire remonte à 4,6 milliards d'années. Au départ, ce n'est qu'un nuage composé de gaz qui tournoie. Sous l'effet de la gravitation, les atomes s'attirent au centre du nuage, provoquant en même temps une augmentation de la température : une étoile est née, le Soleil. À sa périphérie, il fait plus froid. Les gaz se condensent et se transforment en grains de poussière qui, toujours par la force de gravitation, se collent les uns aux autres. Petit à petit, cela forme des planètes. La formation du système solaire aura duré environ 100 millions d'années.

Les planètes géantes

Jupiter, Saturne, Uranus, Neptune constituent les planètes géantes. Plus éloignées du Soleil que les planètes telluriques, les gaz n'ont pas pu se condenser et se transformer en planète solide. Ce sont donc des planètes essentiellement composées de gaz, principalement de l'hydrogène et de l'hélium. Elles possèdent des anneaux et de nombreux satellites.

Les planètes telluriques

Autour du Soleil, les éléments lourds se sont réunis pour former de petites planètes solides. Leurs noyaux sont constitués de métal : fer et nickel. Les planètes telluriques sont Mercure, Vénus, Mars, Pluton et la Terre. On les appelle ainsi à cause de leur ressemblance avec la Terre : un noyau et une atmosphère (sauf Mercure,qui n'a pas d'atmosphère).

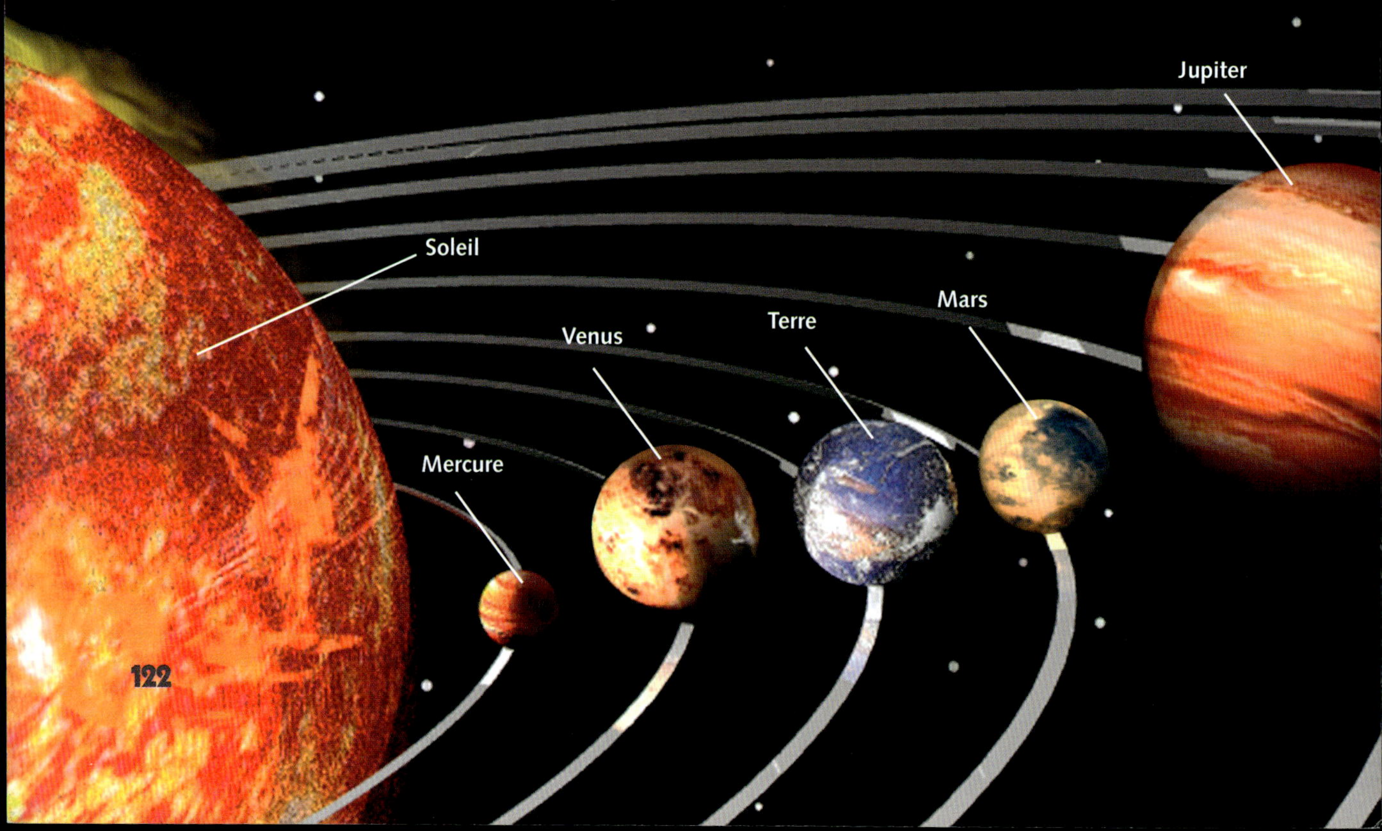

La Terre et l'univers

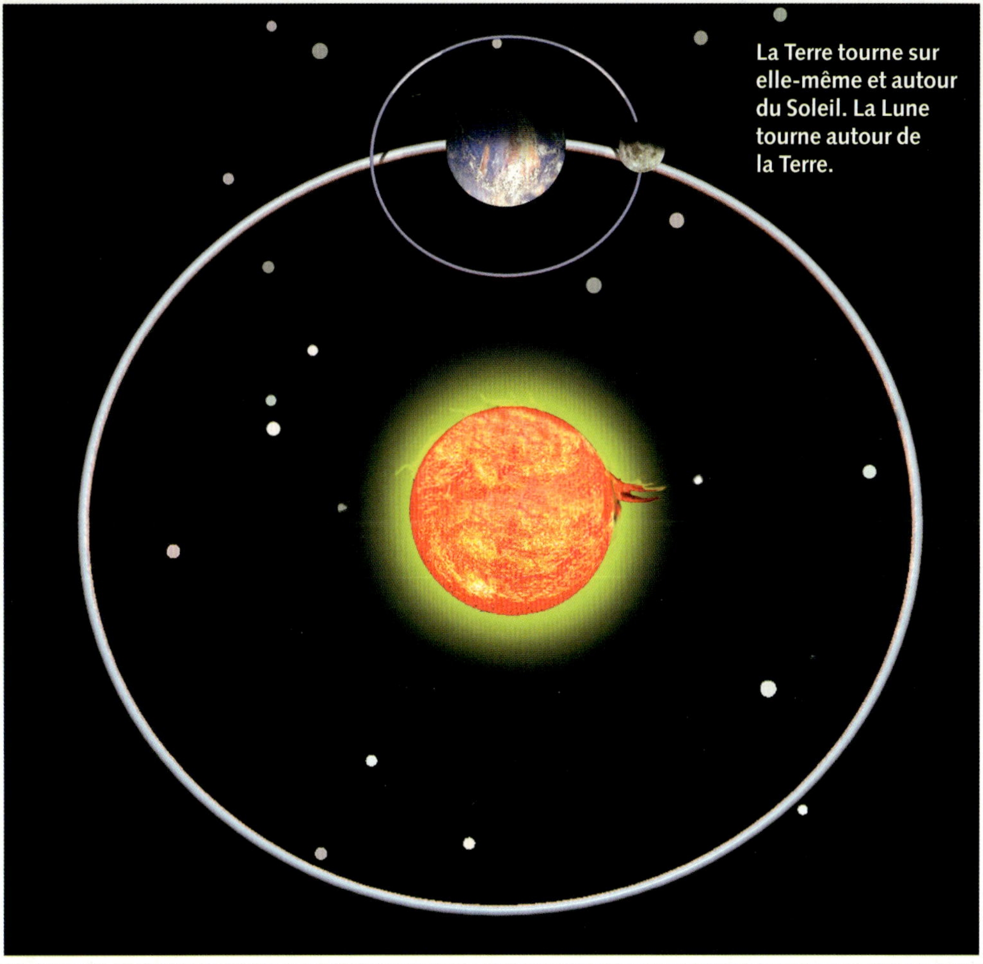

La Terre tourne sur elle-même et autour du Soleil. La Lune tourne autour de la Terre.

La formation de la Terre

La Terre à sa naissance, il y a 4,6 milliards d'années, est une boule de roches liquides et brûlantes, sans cesse bombardée de corps célestes de toutes tailles. Le fer, plus dense, se réunit au centre. Peu à peu, la pluie de météorites qui fournissait un apport de chaleur ralentit son rythme. Ce refroidissement permet à la lave de durcir, formant une croûte, et à la vapeur d'eau de se condenser en pluies torrentielles, formant les océans. Les premiers organismes vivants, des algues, apparaissent, produisant de l'oxygène par photosynthèse...et l'ébauche de notre atmosphère ! Environ 2,7 milliards d'années plus tard, les êtres composés de plusieurs cellules voient le jour : méduses et autres vers qui se nourrissent d' algues et de bactéries. Les mouvements géologiques : plissements de roches, formation de montagne... sont en plein essor, créant la grande majorité de nos continents. La période du précambrien s'achève (-560 millions d'années).

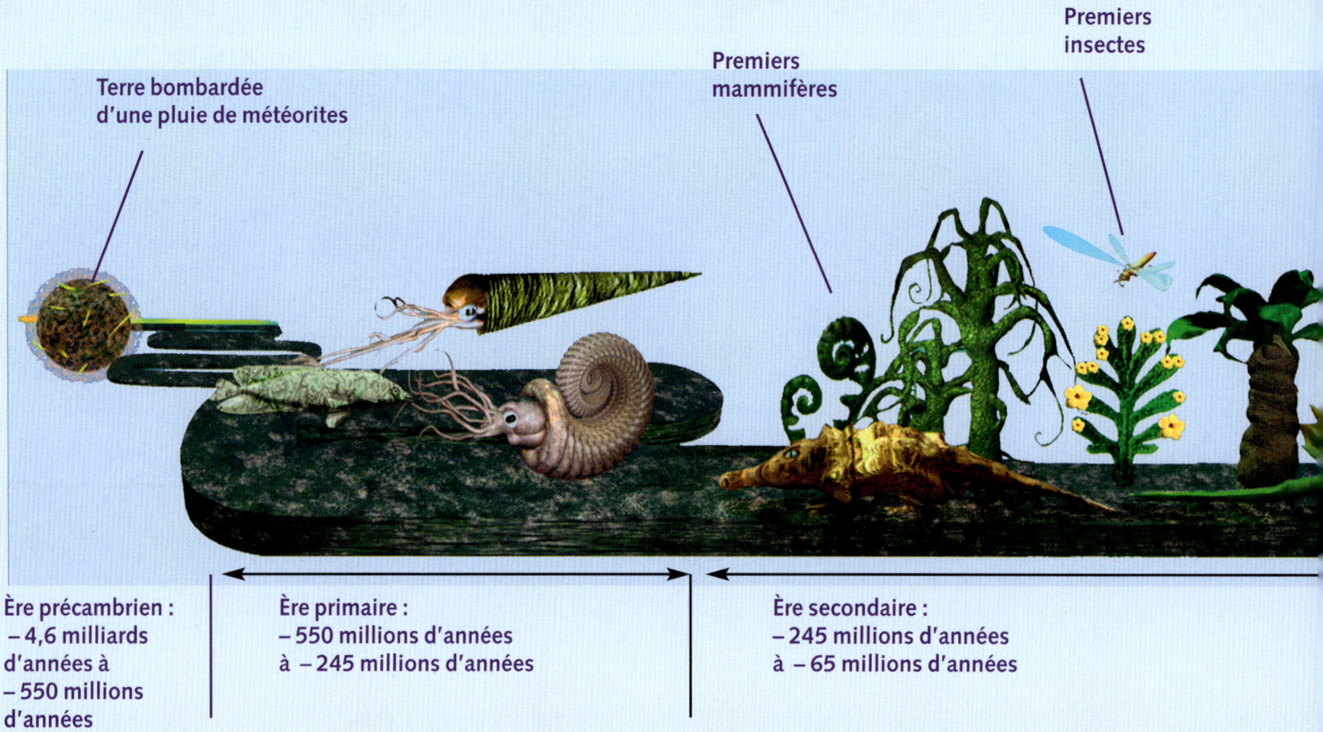

La datation au carbone 14

Le carbone 14 est un élément radioactif permettant de dater un événement jusqu'à 50 000 ans. Il se trouve dans tout organisme et se désintègre lentement en azote. En examinant la quantité de carbone présent, les savants déterminent l'âge de l'échantillon.

Les ères géologiques

Ce sont des périodes de temps qui démarrent à la fin du précambrien. Il y en a quatre. L'ère primaire ou paléozoïque voit apparaître les premiers poissons, amphibiens et animaux terrestres, ainsi que des chaînes de montagnes. L'ère secondaire ou mésozoïque est la grande époque des dinosaures, mais aussi des premiers mammifères,oiseaux et plantes à fleurs. Le cénozoïque regroupe à la fois les ères tertiaire et quaternaire. Les mammifères se diversifient, les primates évoluent et l'homme pointe le bout de son nez.

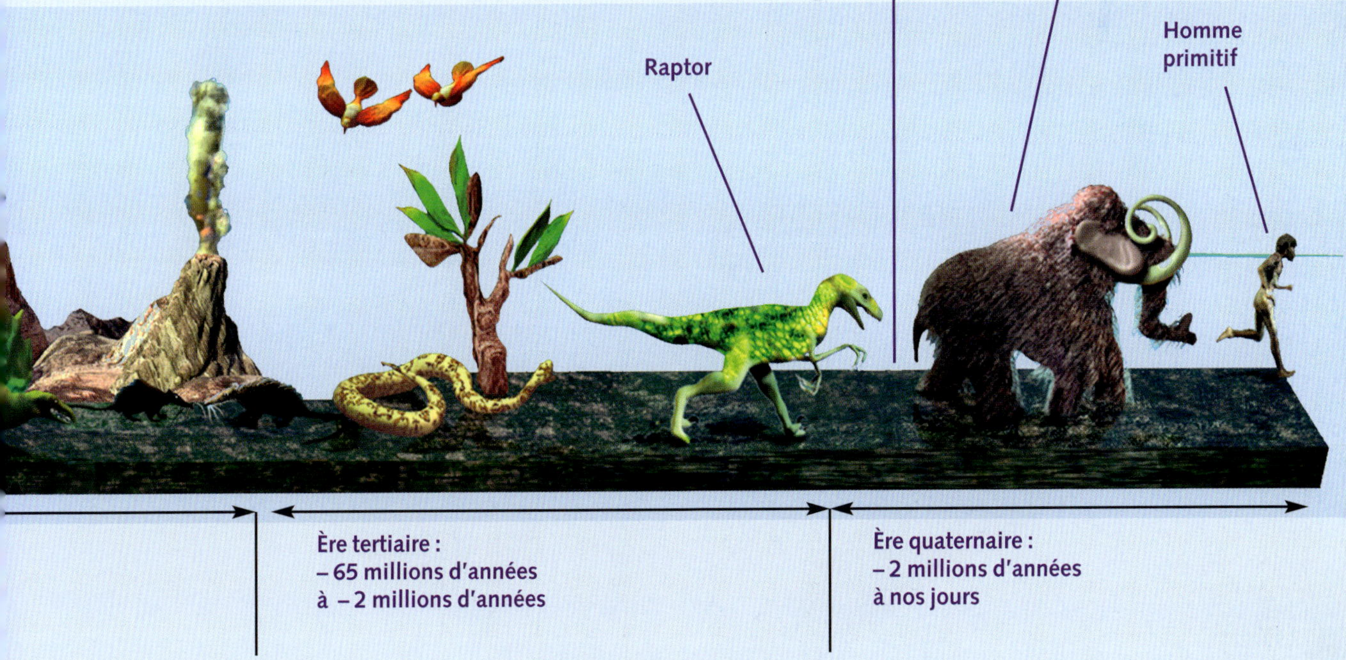

Les roches et les minéraux

La Terre est faite de trois grands types de roches. Les roches magmatiques (ou ignées) sont des roches formées à partir du magma qui refroidit et se solidifie en remontant à la surface. Les roches sédimentaires résultent de l'amas de petits débris de roches et de restes décomposés d'animaux et de végétaux. Lorsqu'ils se déposent sur les couches inférieures de sédiments, ils exercent une pression qui les solidifient. Les roches métamorphiques proviennent de roches magmatiques, sédimentaires et ou même métamorphiques qui se transforment sous l'action de la chaleur ou de la pression. Tous les types de roches sont constitués de minéraux. Il en existe plus de mille : ce sont des cristaux présents dans les roches.

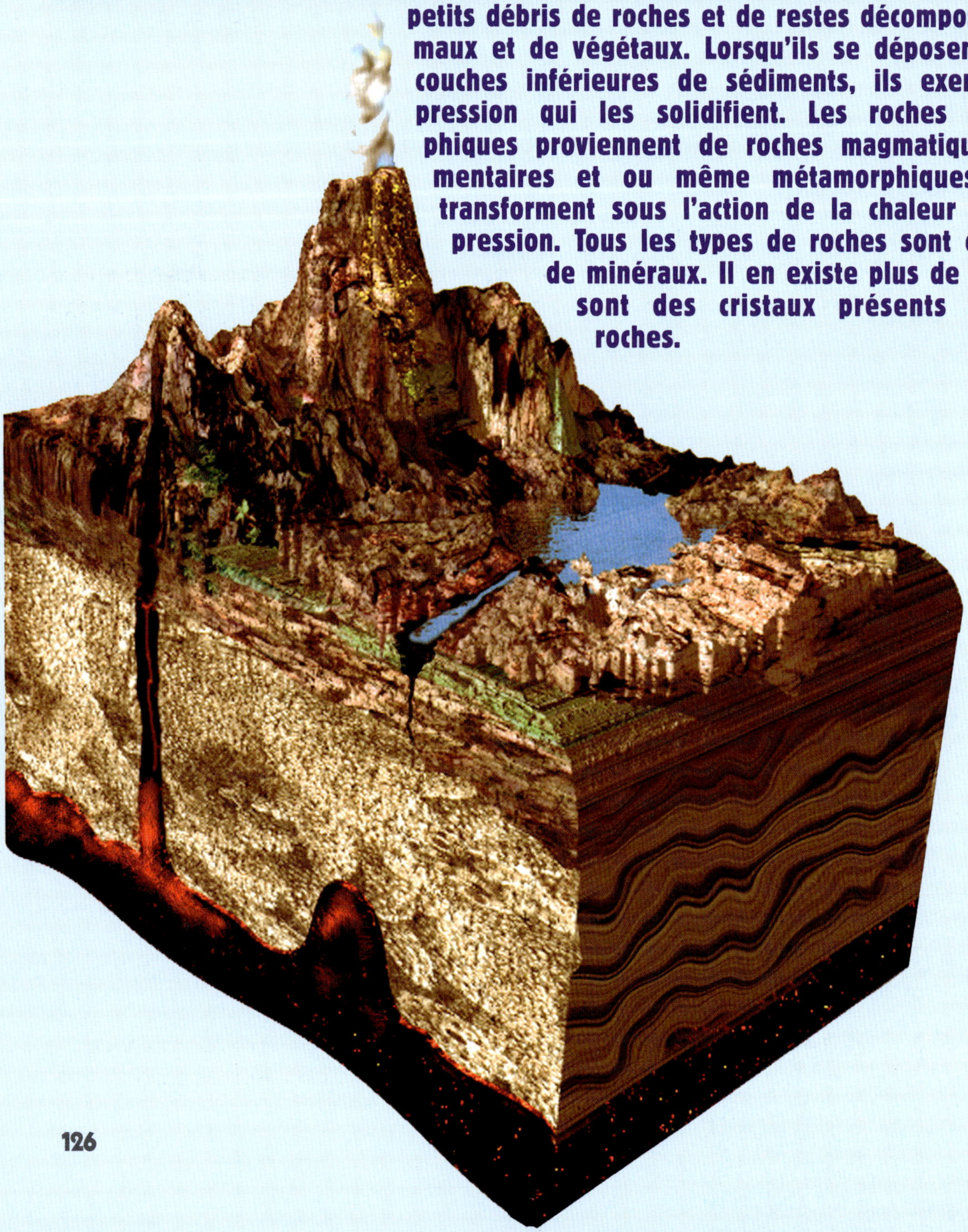

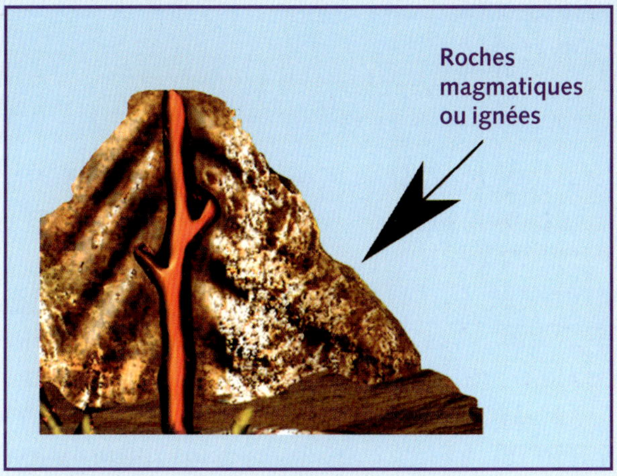

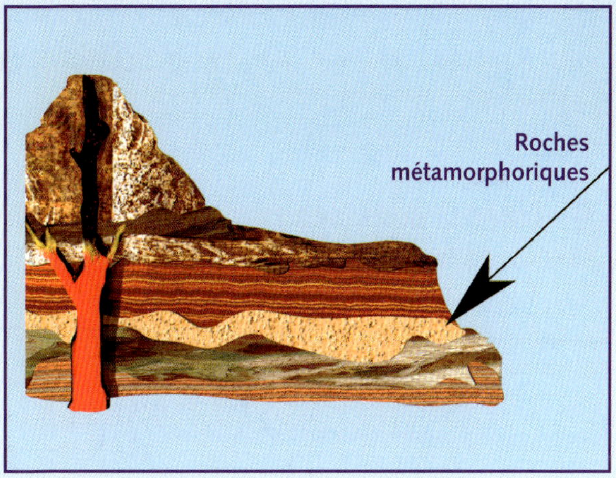

Le cycle des roches

Lorsqu'elles s'érodent les roches magmatiques viennent former les roches sédimentaires qui, si elles subissent de fortes chaleurs ou pressions, se transforment en roches métamorphiques qui redeviennent des magmas lorsqu' une plaque tectonique s'enfonce au cœur de la Terre.

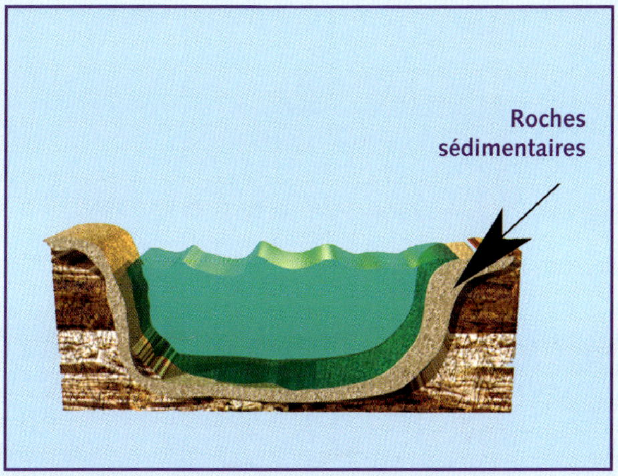

Les fossiles

Dans les roches sédimentaires, les animaux morts et les végétaux se retrouvent comme pétrifiés dans le sous-sol. Les animaux peuvent être conservés dans leur intégralité, dans l'ambre par exemple, ou seulement les parties dures de leurs organismes (coquilles, os), voire uniquement l'empreinte de leur corps ou de leurs pieds. Dans tous les cas, cela s'appelle des fossiles.

L'échelle de Mohs

L'échelle de Mohs permet de distinguer les minéraux d'après leur dureté. Par exemple, le talc est rayé par l'ongle, et le diamant, le plus dur des minéraux, raye tous les autres.

Le cycle de l'eau

Pourquoi les océans ne débordent pas, alors que les cours d'eau s'y écoulent continuellement ? Et pourquoi les cours d'eau coulent-ils même lorsqu'il ne pleut pas ? Ces questions peuvent te faire sourire, mais, autrefois, on n'avait pas les réponses. Les philosophes grecs ont trouvé une solution qui a mis tout le monde d'accord jusqu'au XVIIIe siècle : l'eau de la mer remonte jusqu'aux cours d'eau et se dessale en passant par les roches... Bon, d'accord, il y a juste un hic : comment fait l'eau pour remonter ? Deux hommes ont répondu à cette question. Le premier s'appelle Perrault... Pendant que son frère Charles écrit des contes pour les enfants, Pierre comprend que c'est la pluie qui alimente les fleuves. Le deuxième s'appelle Edmund Halley, et, lorsqu'il ne passe pas son temps à découvrir une comète à laquelle il donne son nom, il établit le fait que la pluie provient de l'évaporation. Les bases du cycle de l'eau sont posées.

Hydrosphère

On appelle hydrosphère toute l'eau contenue sur Terre. Son volume est d'environ 1 milliard de km³ depuis 3,5 milliards d'années, date à laquelle l'eau est apparue sur Terre. Eh oui, cela signifie que nous buvons la même eau que les dinosaures et les hommes préhistoriques !

③
Huit à dix jours plus tard, les nuages se déversent sous forme de pluie, grêle ou neige sur terre. Ce sont les précipitations.
④
Les précipitations ruissellent et alimentent les nappes souterraines et les cours d'eau, qui s'écoulent à leur tour dans les océans. C'est le ruissellement. La boucle est bouclée !
LAC D'EAU DOUCE
LAC SOUTERRAIN

Qu'est-ce que la matière ?

La matière est tout autour de nous. Du grain de poussière à Vénus ou Jupiter, tout objet non vivant est composé de matière. La plus petite quantité de matière est l'atome. Ce nom a été donné par un savant grec de l'Antiquité, Démocrite, qui avait imaginé de minuscules particules de matière, indivisibles. Bien qu'étant invisibles, de nombreuses expériences ont permis de prouver leur existence et de définir leur composition. Lorsque des atomes s'accrochent avec d'autres atomes, ils forment des molécules. Lorsque les molécules comportent peu d'atomes différents comme les gaz, on dit qu'elles sont simples, sinon, elles sont dites complexes. Certaines molécules peuvent être composées de milliers d'atomes ! Les chimistes qui étudient la structure et la composition des molécules ont réussi à créer des molécules synthétiques, produisant ainsi de nouvelles matières.

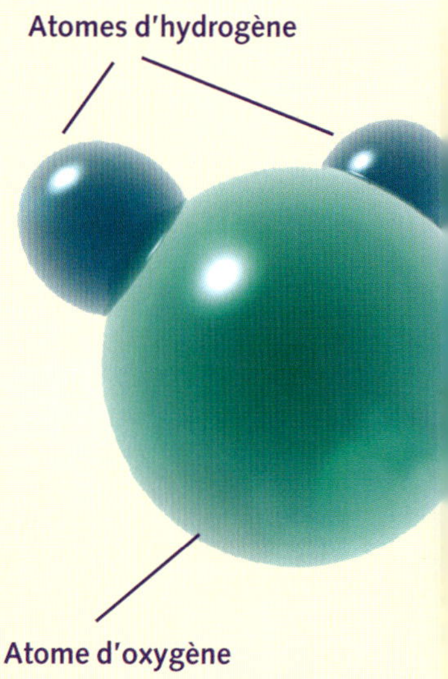

MOLÉCULE D'EAU

Structure d'une molécule

Les atomes s'accrochent les uns aux autres par des sortes de crochets que l'on appelle des liaisons chimiques. Chaque atome ne dispose pas du même nombre de crochets.
L'hydrogène en a un, l'oxygène en a deux. La molécule d'eau, par exemple, est composée de deux atomes d'hydrogène et d'un atome d'oxygène.

Structure d'un atome

Un atome est composé d'un noyau central comportant des protons et des neutrons. Autour de lui tournent des particules plus légères, les électrons. Les protons ont une charge électrique positive égale à la charge négative des électrons. Les neutrons sont neutres électriquement.

ATOME D'OXYGÈNE

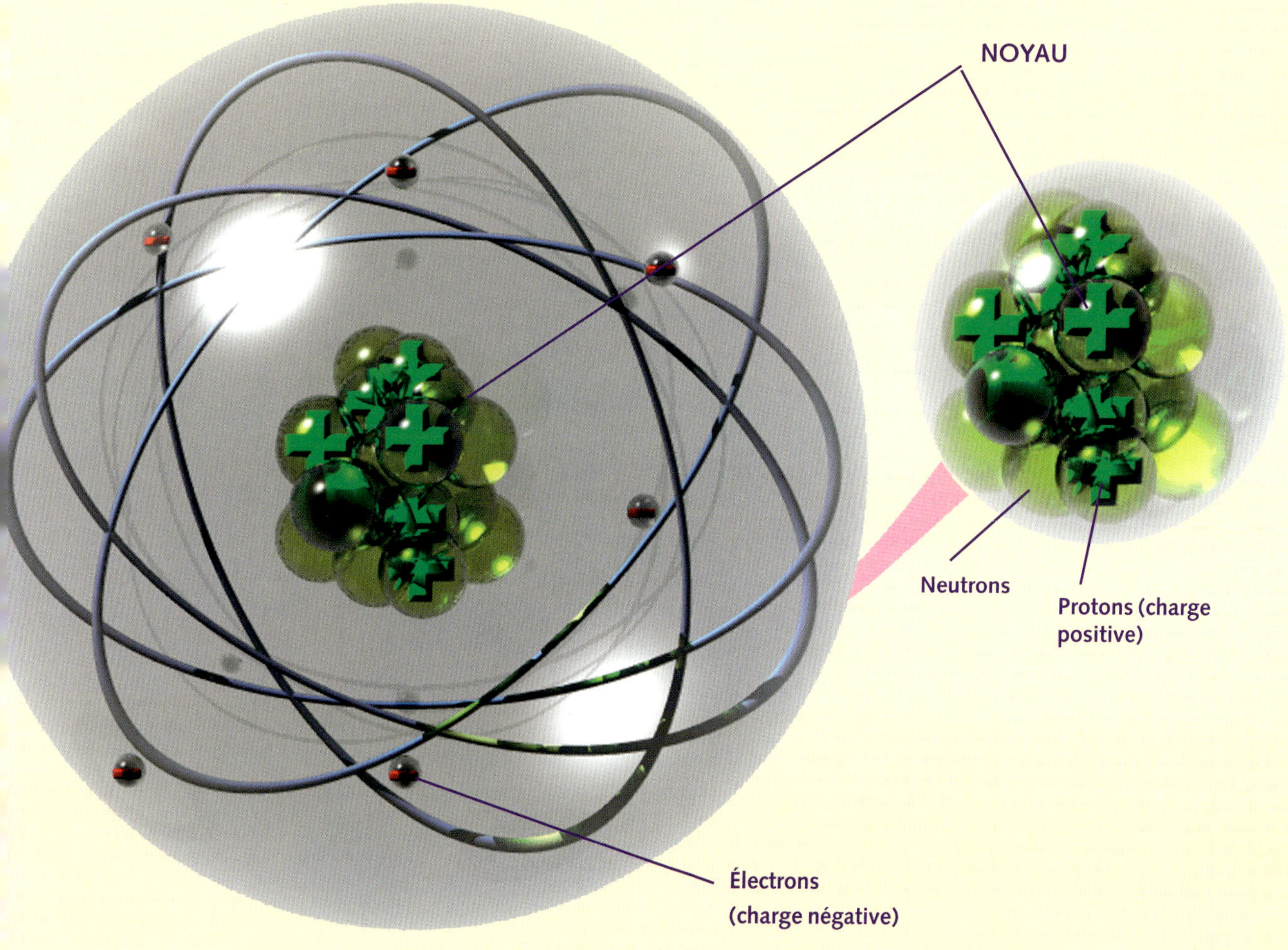

Les changements d'état de la matière

« **Rien ne se perd, rien ne se crée, tout se transforme. » Cette phrase très célèbre a été énoncée par celui qui est considéré comme le père de la chimie moderne : Antoine-Laurent de Lavoisier, né en 1743. En effet, la matière se transforme mais ne disparaît jamais. Comment ? Revenons aux débuts. La matière est présente sous trois états. Les solides, suffisamment rigides pour ne pas être déformés : les particules sont étroitement serrées et presque immobiles. Les liquides, sans forme établie, prennent celle du récipient qui les contient : les particules se déplacent tout en restant proches les unes des autres. Et les gaz, sans forme établie, qui occupent l'espace : les particules bougent sans cesse en un mouvement rapide et désordonné. Les changements de température agissent sur les particules en modifiant leur agitation et les fait passer d'un état à un autre.**

Des particules qui bougent

Lorsqu'on chauffe un solide, ses particules se mettent à bouger : il se transforme en liquide quand le point de fusion est atteint. Lorsqu'on chauffe un liquide, ses particules s'éloignent les unes des autres : il se transforme en gaz quand le point d'ébullition est atteint. Le passage de liquide à solide s'appelle la solidification, de solide à gaz, ou inversement, la sublimation, et de gaz à liquide la liquéfaction.

Les molécules sont libres de leurs mouvements.

Y a de la pression !

Le point d'ébullition n'est pas toujours à la même température. Par exemple, une basse pression fait baisser le point d'ébullition (et inversement). Résultat : il faut attendre moins longtemps pour faire chauffer l'eau des pâtes à la montagne ! Et rajouter le sel après, car le sel élève le point d'ébullition.

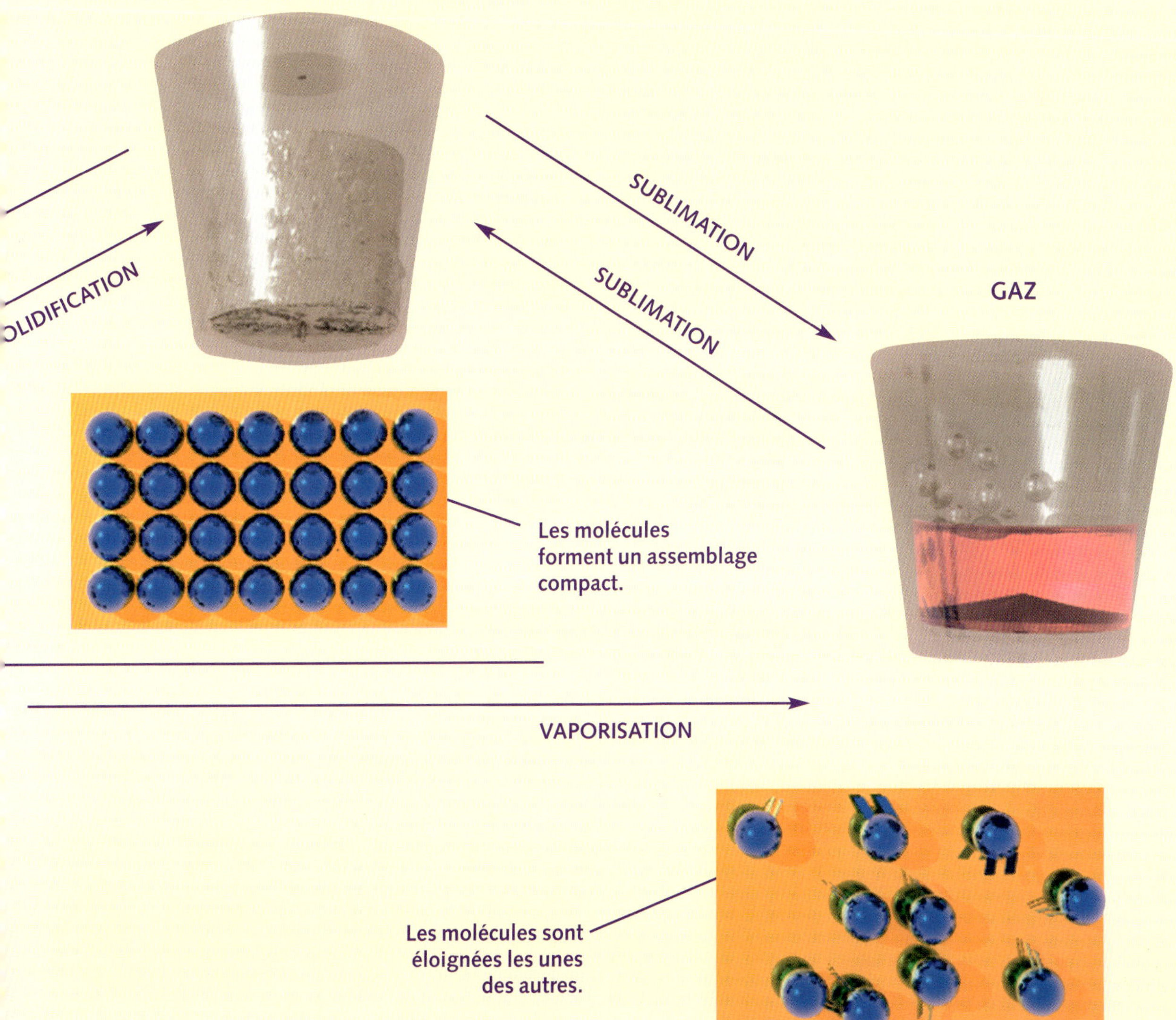

Matière et chimie

La chimie, comme la physique, est une science de la matière. La physique étudie les propriétés de la matière, mais aussi l'énergie et le mouvement, tandis que la chimie étudie la composition de la matière et ses transformations. Grâce à des réactions chimiques, le chimiste peut créer de nouvelles substances. Que se passe- t-il pendant une réaction chimique ? On introduit deux corps différents. Leurs molécules s'entrechoquent, se brisent, et les différents atomes qui les composent vont se réassembler pour former de nouvelles molécules différentes de celles d'origine. Il n'y a pas que les chimistes qui font de la chimie ! Quand on cuisine, on réalise de nombreuses réactions chimiques ! Un exemple de réaction chimique : quand on mélange du citron (acide) avec du savon (basique), on obtient une solution neutre, l'acide ayant neutralisé la base par réaction chimique entre les deux produits.

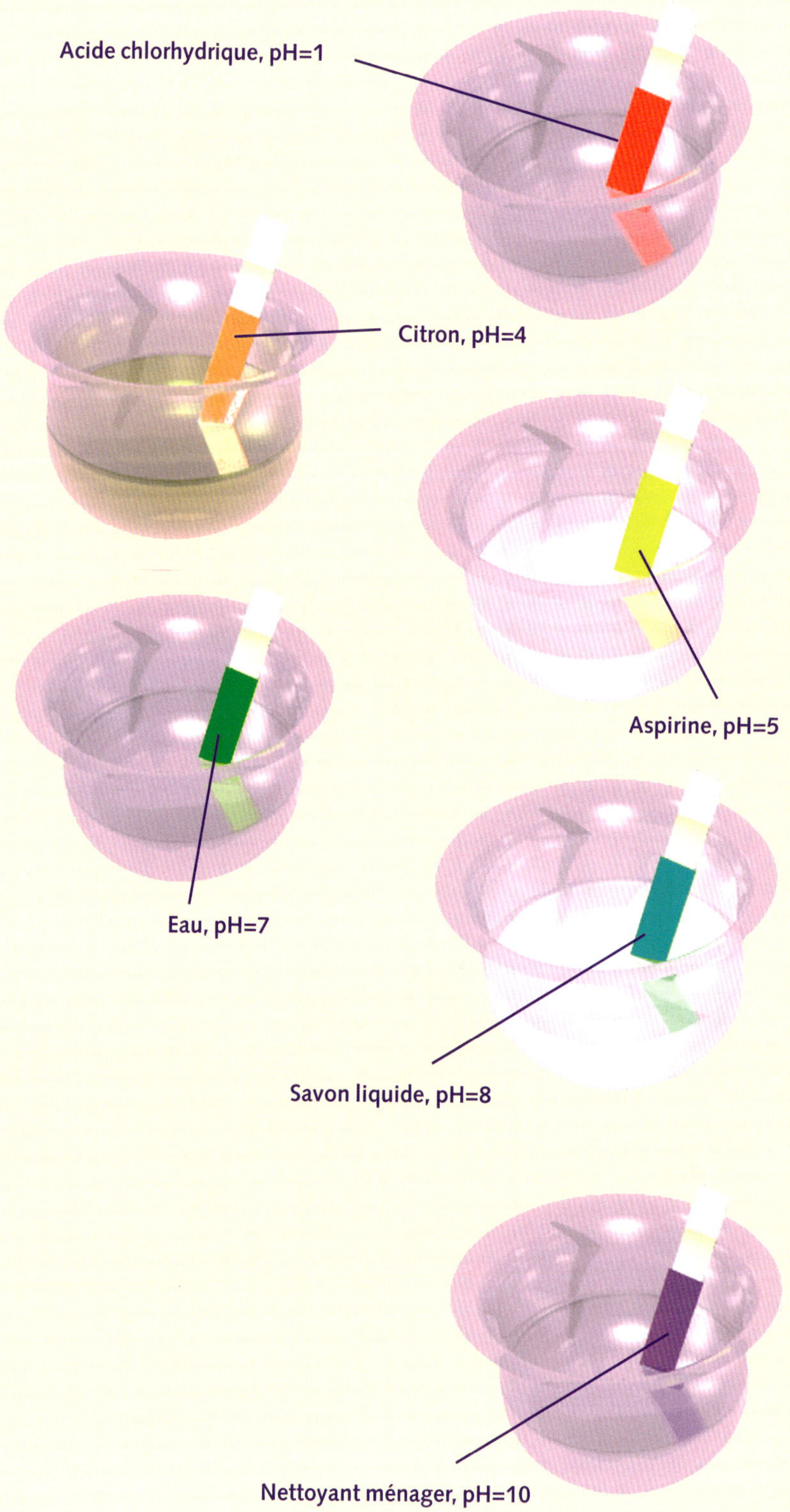

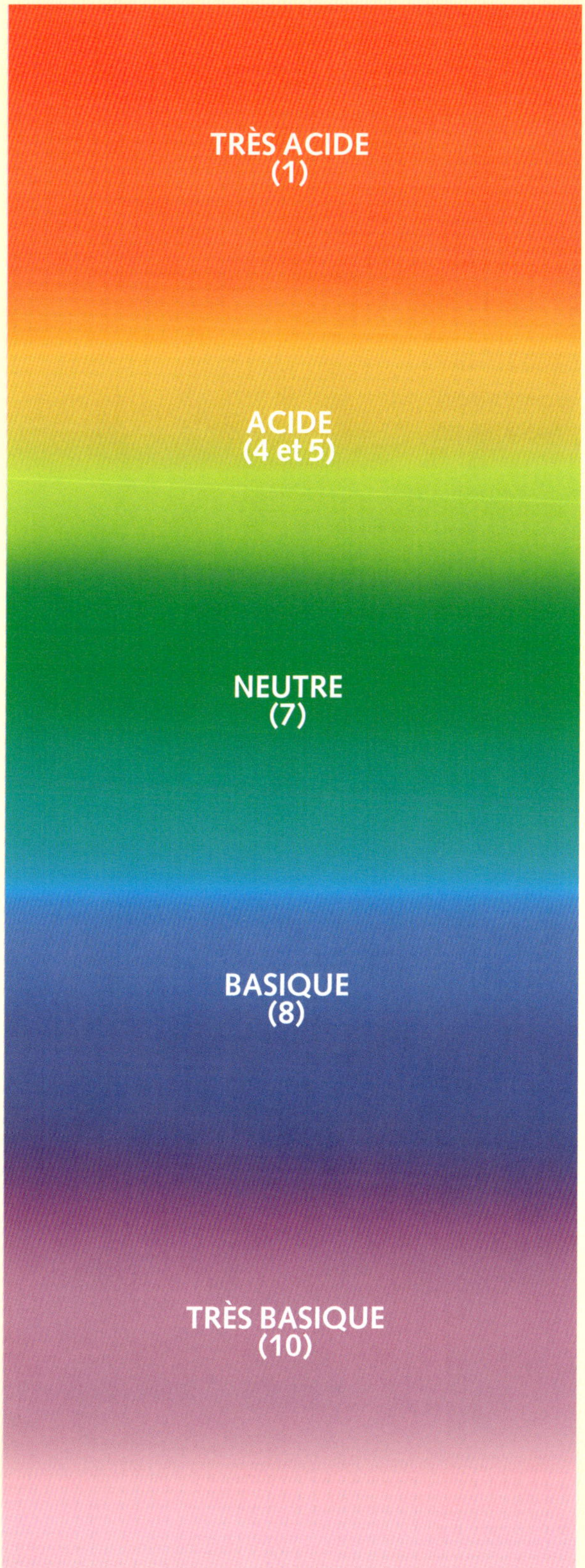

Le pH

L'acidité et son contraire, la basicité, se mesurent en pH, ou potentiel hydrogène, car c'est l'activité de l'ion hydrogène qui permet ces mesures. L'échelle est graduée de 0 à 14. Une solution qui a un pH inférieur à 7 est acide, égal à 7 neutre et supérieur à 7 basique.

Les nouvelles matières

Les nouvelles matières créés par réaction chimique sont très nombreuses. On peut citer tous les plastiques composés à partir du pétrole, le verre qui provient du sable, etc.

Solutions et mélanges

Quelle différence y a t-il entre un mélange et une solution ? Dans un mélange hétérogène, les constituants sont visibles : eau et huile, sable et gravier, etc. Une solution est un mélange où l'on ne peut distinguer les divers constituants qui la composent. De l'eau salée, par exemple, impossible de distinguer le sel sans goûter. La solution comprend à la fois le soluté, substance qui se dissout (le sel), et le solvant, substance qui dissout (l'eau). Une solution diluée contient peu de soluté alors qu'une une solution concentrée, beaucoup. Et lorsque le soluté ne peut plus se dissoudre dans le solvant, on dit que la solution est saturée. Les solutions ne sont pas forcément liquides. Un alliage, par exemple, est une solution solide de plusieurs éléments, généralement des métaux. Afin d'étudier les corps purs, le chimiste sépare les constituants des mélanges et des solutions.

Dissocier les solutions

Pour séparer les constituants d'une solution, la méthode la plus simple est la distillation. On chauffe l'eau salée: l'eau se transforme en vapeur d'eau et le sel reste au fond.

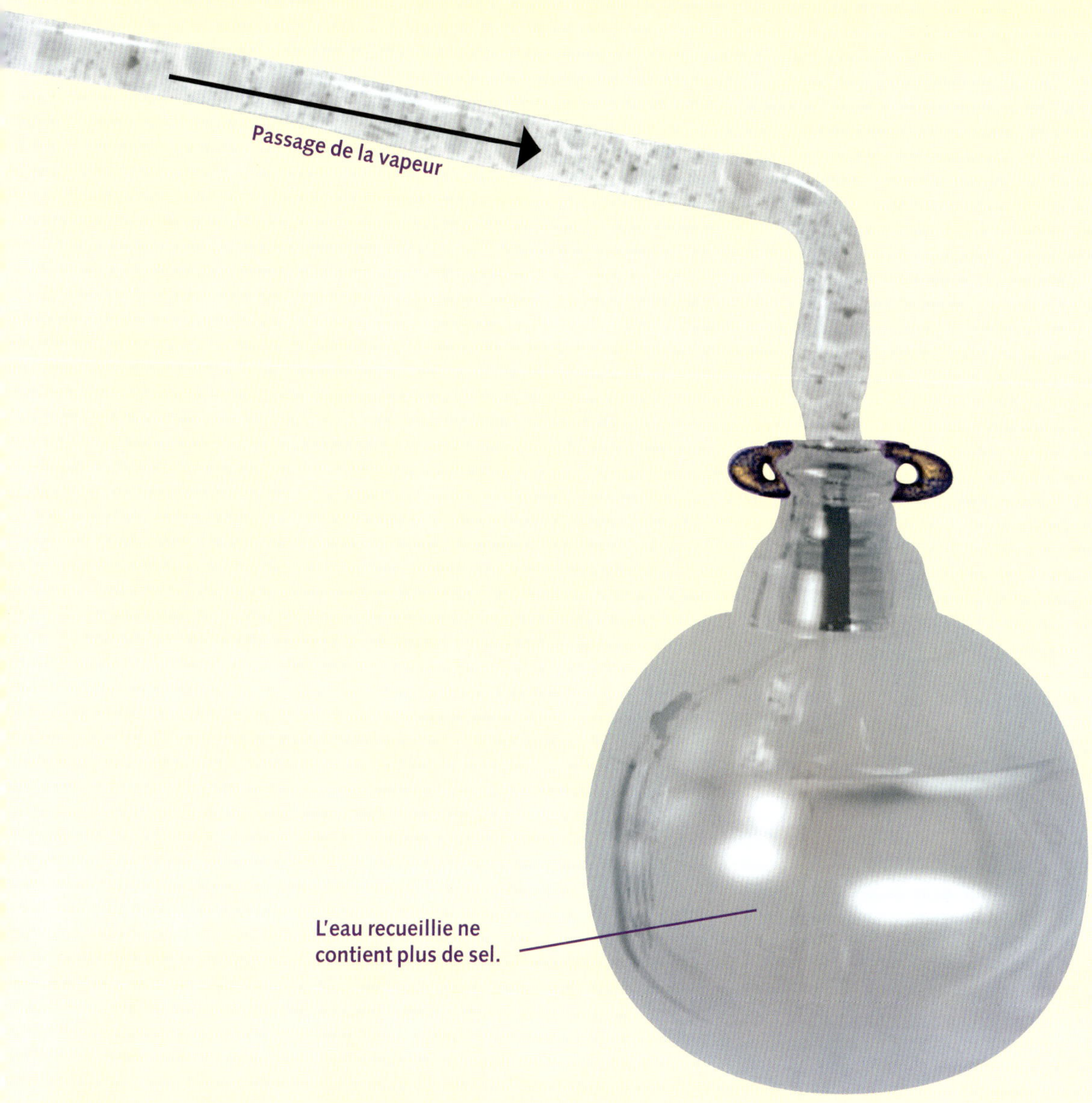

Dissocier les mélanges

Pour séparer deux solides, un triage s'impose, qui peut être simple ou complexe en fonction de la nature des solides. On peut trier en fonction de la forme, du poids, de la matière, etc. La machine à courant de Foucault permet par exemple de récupérer les objets en aluminium. Un courant magnétique les attire.

Anatomie

Le corps humain est composé d'un squelette de 206 os, tissu vivant qui se renouvelle sans cesse. Il resterait immobile s'il n'était relié par les tendons aux 620 muscles. Ce sont eux qui, en se contractant et en se relâchant, nous font battre des paupières ou courir un 100 m. Mais les muscles ont seulement une action mécanique. La commande vient des fibres nerveuses parcourant notre corps comme un réseau de câbles, et reliées à la moelle épinière et au cerveau. Le système nerveux commande nos actions (fibres motrices) et donne des informations par le biais de nos cinq sens (fibres sensorielles) en envoyant des signaux électriques au cer-

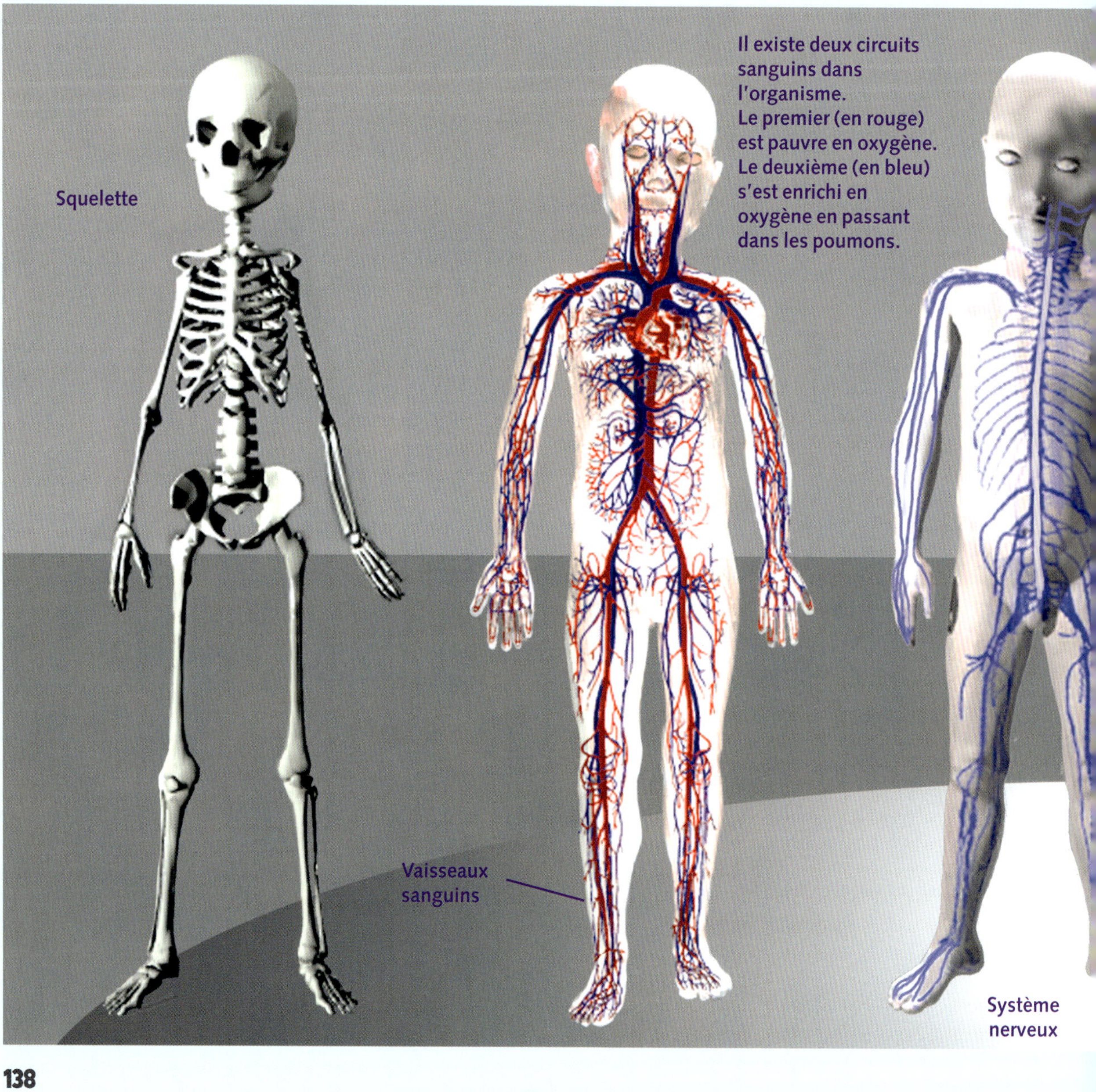

veau. Le système endocrinien, lui, envoie des signaux chimiques, les hormones, au cerveau par la circulation sanguine. Elles ont de nombreuses fonctions : réguler les émotions, stimuler la croissance, contrôler la température du corps, aider à réparer les blessures, etc. Le corps est également parcouru de 100 000 km de vaisseaux sanguins qui ont des tailles et des fonctions différentes. En résumé, ils véhiculent les nutriments et l'oxygène, éliminent les déchets et transportent les signaux chimiques. Le cœur, muscle fonctionnant de manière automatique, comme une pompe, fait circuler le sang dans tout l'organisme. Et le chef d'orchestre de cette formidable et incroyable machine est le cerveau. Quartier général du système nerveux, il transmet ses ordres à toutes les parties du corps. C'est aussi le siège de la pensée, du sommeil, de la parole, de la mémoire, etc.

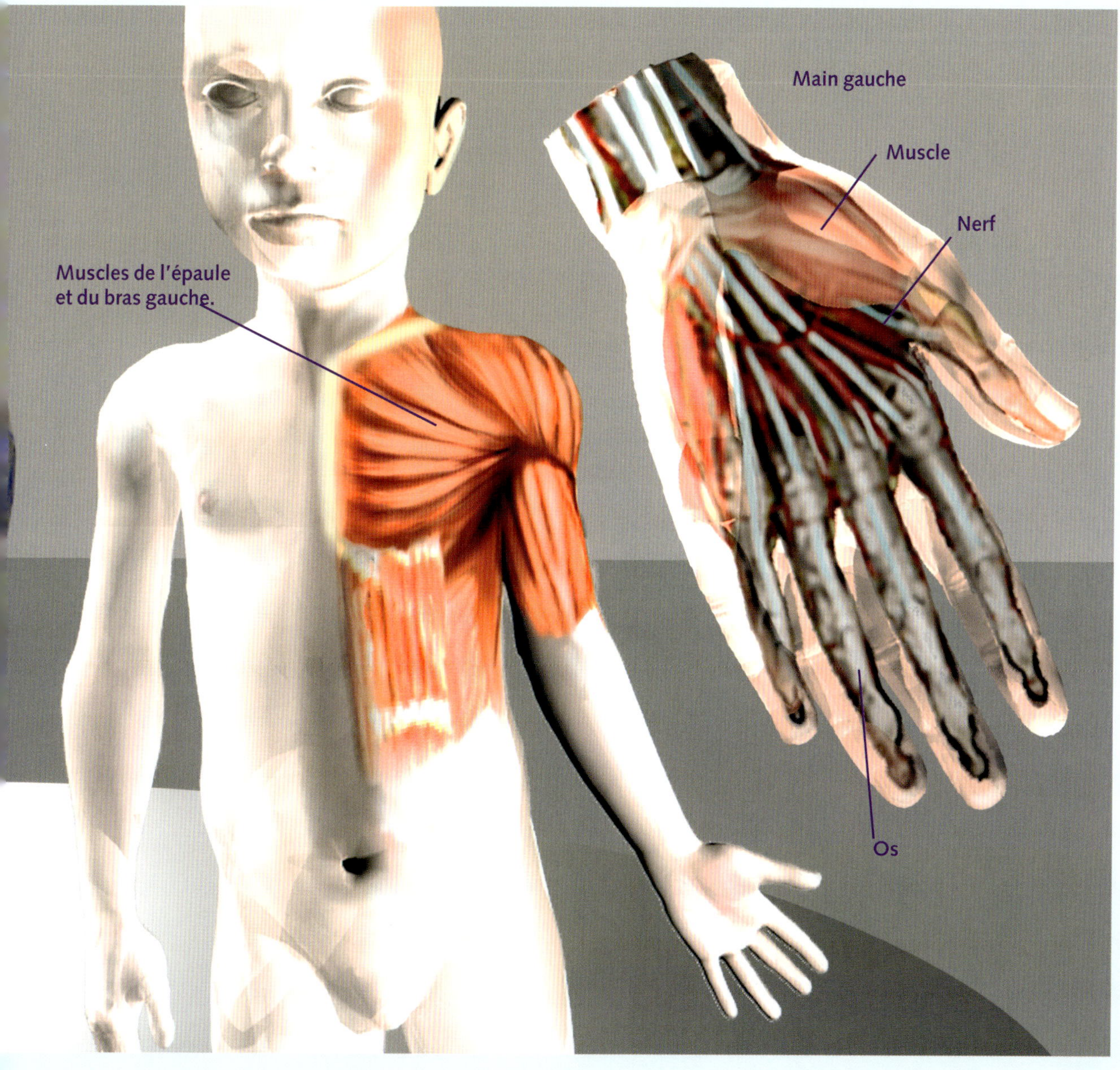

L'odorat et le goût

De petits éléments de matière, les molécules, s'échappent des chaussettes de sport après deux bonnes heures d'exercice... L'air les emporte et elles pénètrent dans les narines lorsque nous inspirons. Elles traversent une couche de mucus, substance qui retient les poussières et les microbes, et atteignent le centre de l'odorat dans lequel se situent des récepteurs olfactifs. Ceux-ci émettent des signaux électriques au cerveau à travers le nerf olfactif. Le cerveau analyse l'odeur, et il y a de fortes chances pour qu'une grimace apparaisse alors sur notre visage... Les mécanismes du goût sont à peu près identiques. Le chocolat chaud libère des molécules qui pénètrent dans les récepteurs du goût, les bourgeons gustatifs, situés sur les papilles de la langue, du palais et de la gorge. Les saveurs sont retransmises sous forme de messages électriques au cerveau par les nerfs crâniens.

Tout sur la langue

Notre organe du goût est nettement moins développé que celui de l'odorat. Heureusement, notre nez vient à notre secours et nous donne des informations sur ce que nous mangeons. C'est pourquoi les aliments nous paraissent fades et sans goût lorsque nous sommes enrhumés. La vue et le toucher sont également précieux en nous renseignant sur la texture de la nourriture.

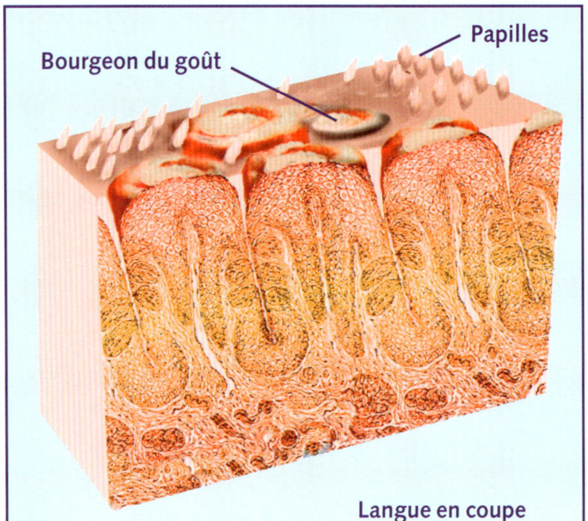

Langue en coupe

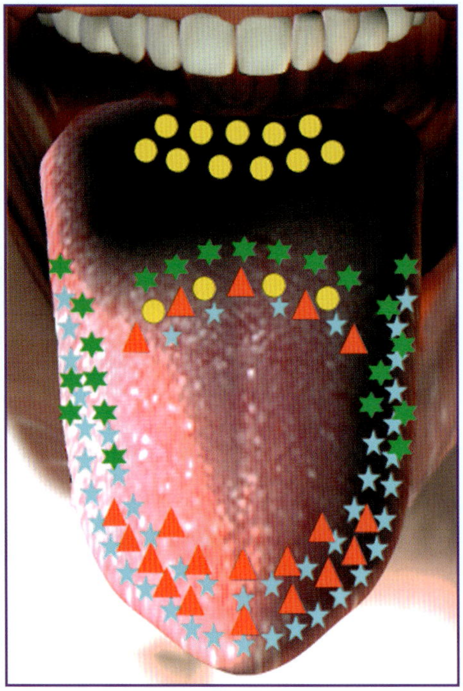

Sur la langue, il y a quatre zones, chacune sensible à un goût en particulier.

- ★ salé
- ▲ sucré
- ● amer
- ✶ acide

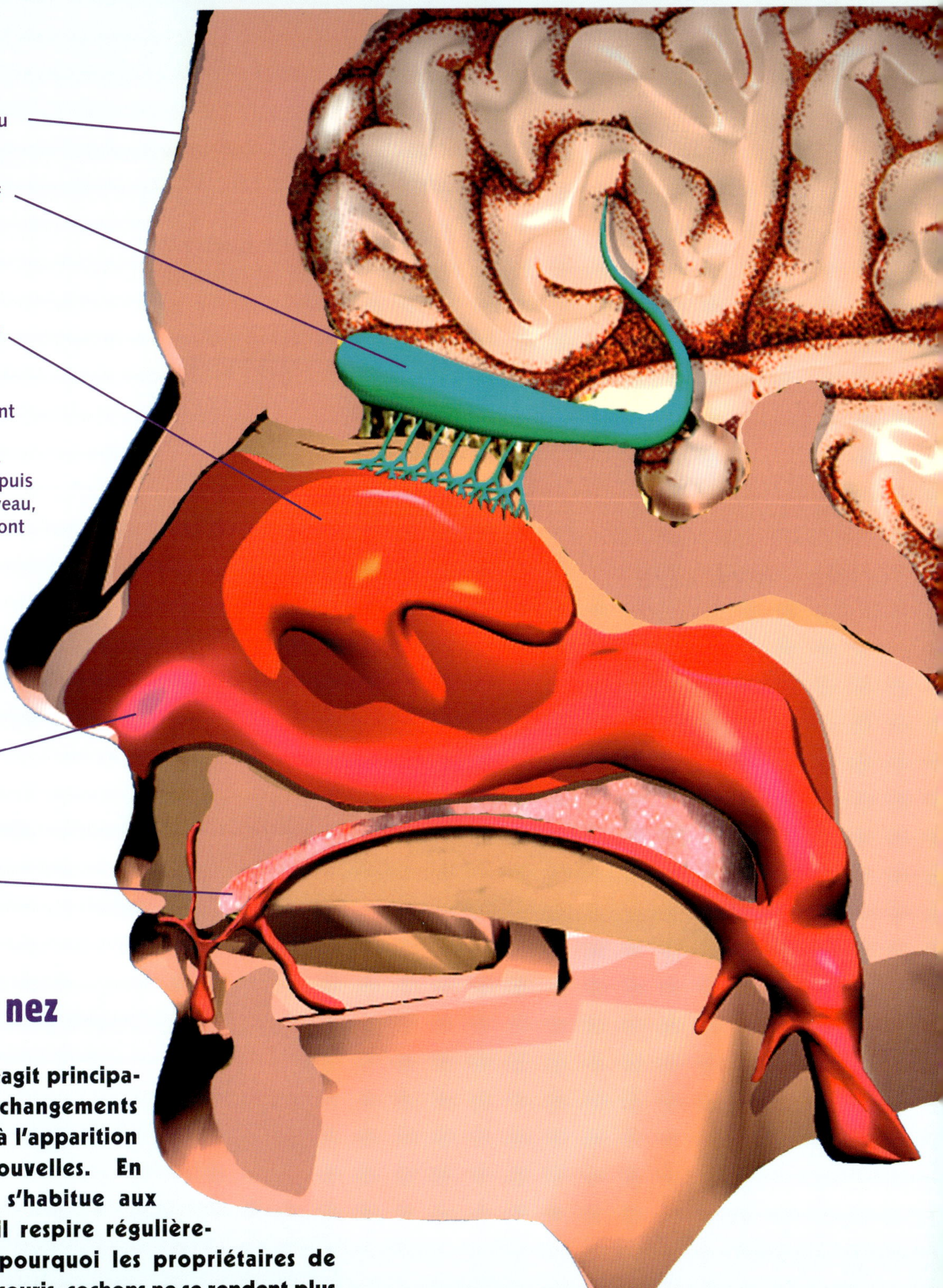

Avoir du nez

Le cerveau réagit principalement aux changements d'odeurs ou à l'apparition d'odeurs nouvelles. En revanche, il s'habitue aux parfums qu'il respire régulièrement. C'est pourquoi les propriétaires de chiens, chats, souris, cochons ne se rendent plus compte des odeurs animales qui imprègnent leur intérieur... contrairement à leurs visiteurs !

L'ouïe

Nous n'avons pas deux oreilles, mais six ! Car chacune est composée d'une oreille externe, moyenne et interne. Lorsqu'une cloche retentit, elle émet des vibrations dans l'air qui pénètrent sous forme d'ondes dans le pavillon de l'oreille externe, traversent le conduit auditif et font vibrer le tympan, une membrane élastique. Elles continuent leur chemin à travers les plus petits os du corps, le marteau, l'enclume et l'étrier, avant d'arriver enfin dans la cochlée de l'oreille interne. Celle-ci retransmet les ondes sonores de la cloche au cerveau sous forme de signaux électriques, par un nerf appelé nerf vestibulaire. Nous entendons alors le son de la cloche et, plus encore, analysons cette information comme étant le signal de la fin des cours...

Des oreilles pour tenir debout

L'oreille interne ne sert pas seulement à transférer les ondes sonores au cerveau. Elle envoie également des informations très importantes sur le positionnement de notre corps et son orientation. C'est elle qui détermine notre équilibre et nous permet de marcher tout droit les yeux fermés !

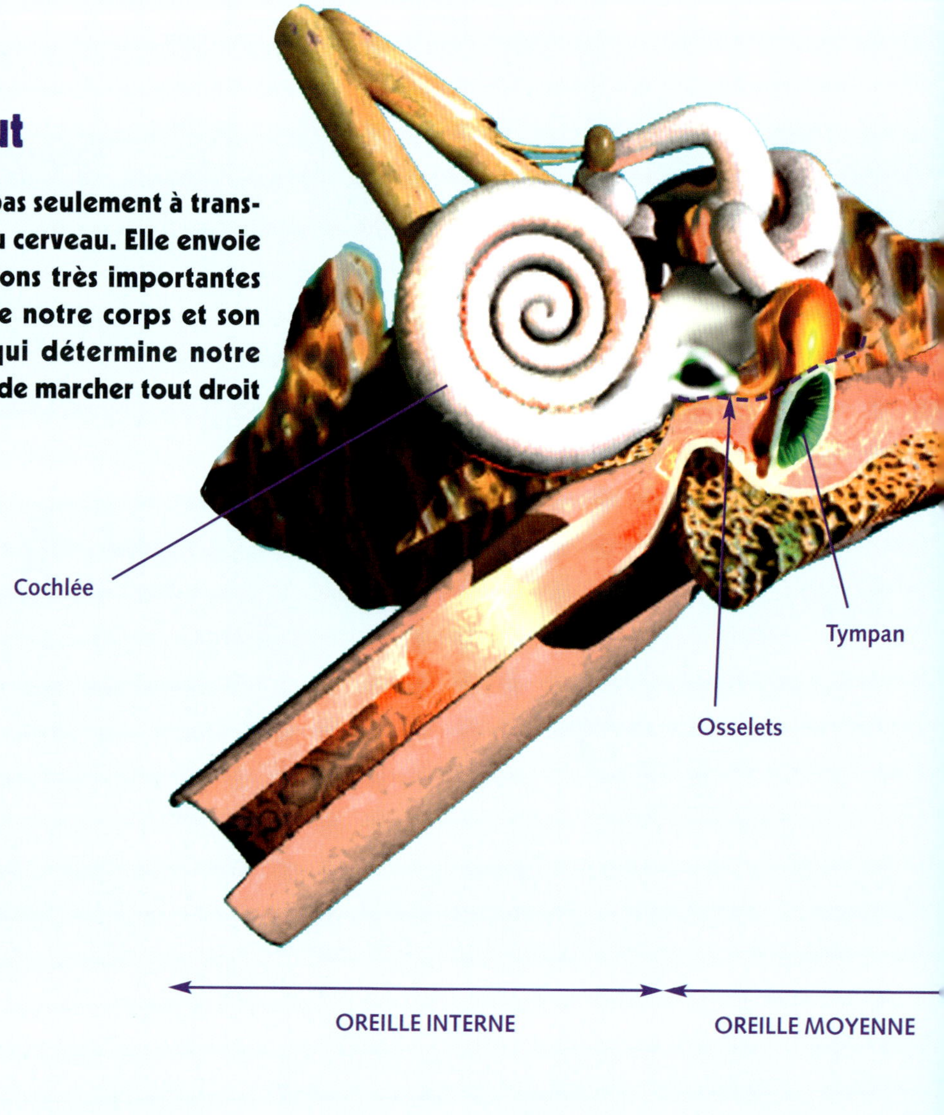

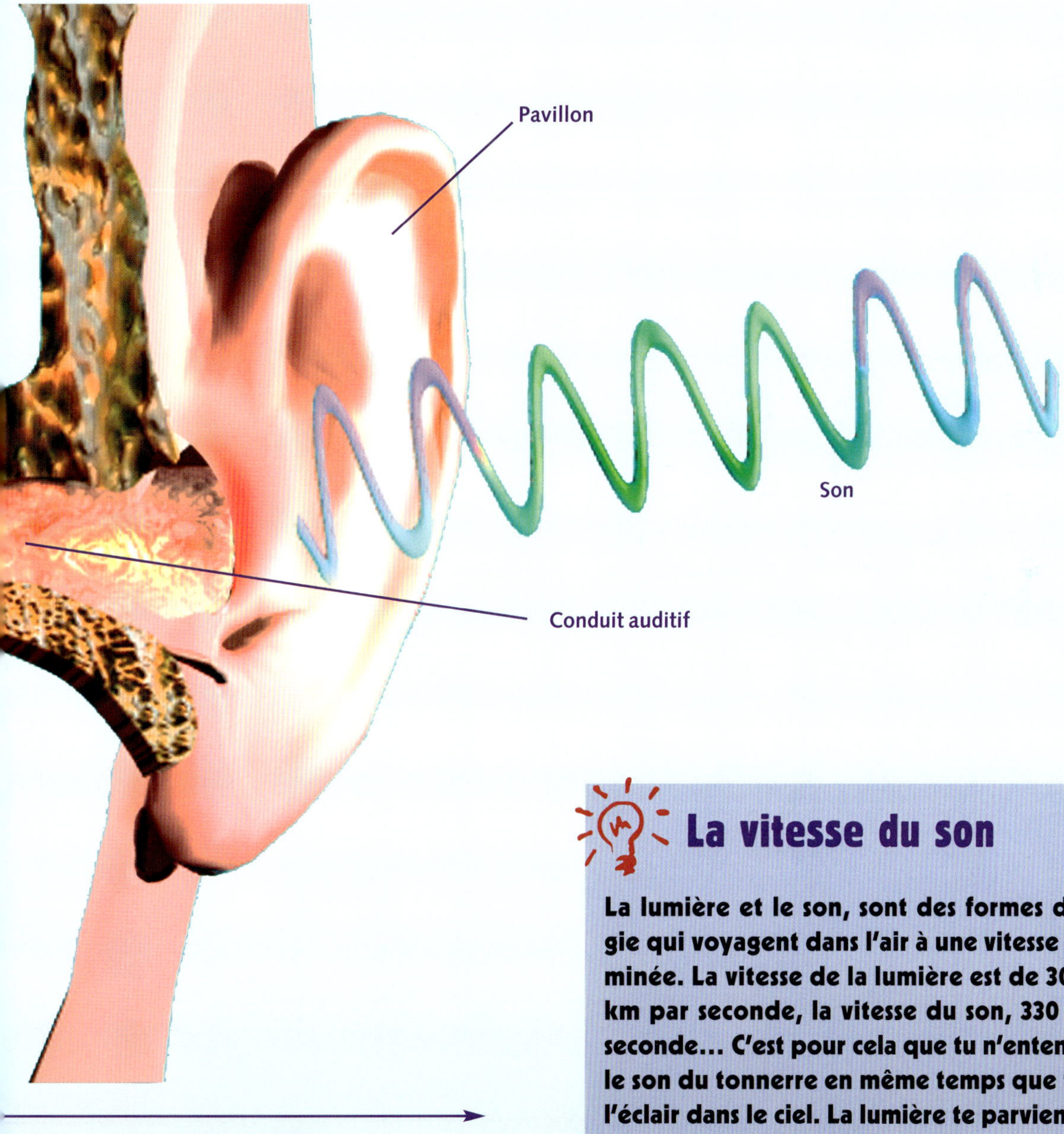

La vitesse du son

La lumière et le son, sont des formes d'énergie qui voyagent dans l'air à une vitesse déterminée. La vitesse de la lumière est de 300 000 km par seconde, la vitesse du son, 330 m par seconde… C'est pour cela que tu n'entends pas le son du tonnerre en même temps que tu vois l'éclair dans le ciel. La lumière te parvient rapidement, le son quelques instants après.

Le toucher

Les récepteurs du toucher s'appellent les dendrites. Elles sont présentes dans l'ensemble de notre corps et plus particulièrement dans la peau, les muscles, les articulations et les viscères. Il existe plusieurs sortes de dendrites: certaines servent à détecter les contacts, d'autres la température, la pression ou la douleur. Elles ne sont pas réparties uniformément dans notre corps : les dendrites de contact, par exemple, sont en plus grande concentration dans les extrémités des doigts et des pieds que dans le dos ou les cuisses. Les dendrites envoient en permanence au cerveau des signaux au ralenti. Mais il suffit d'un stimulus important, comme une piqûre de moustique, pour qu'elles accélèrent le rythme. Le cerveau analyse alors rapidement la situation et peut réagir : tes muscles vont se contracter afin de déloger l'insecte !

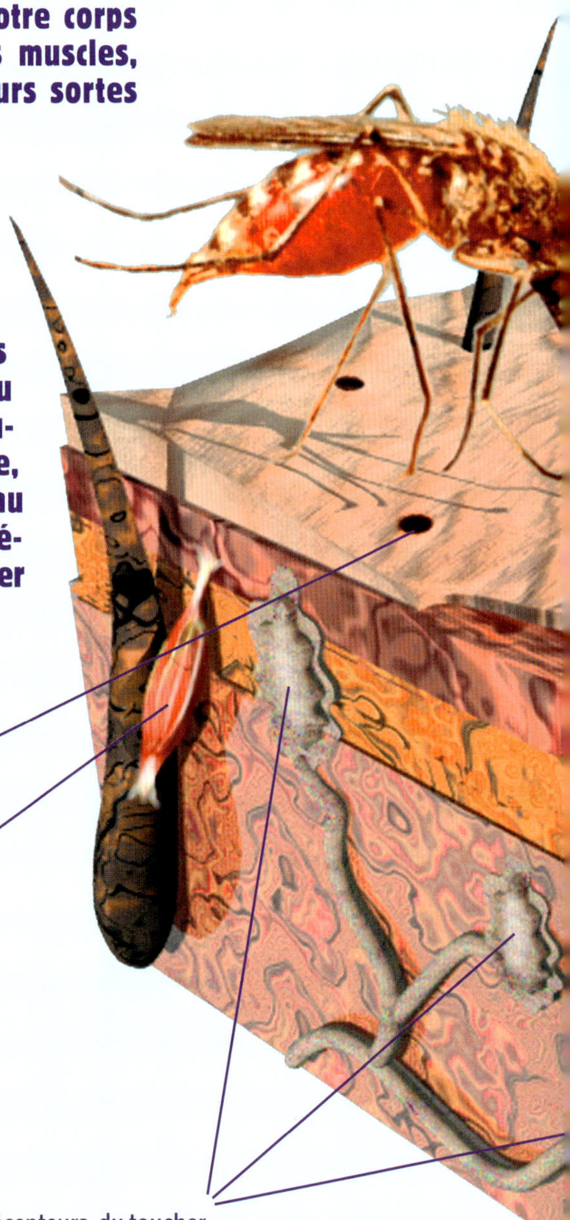

La douleur

La douleur est une sensation primordiale pour les êtres vivants. Elle nous protège en nous avertissant que quelque chose ne va pas et qu'il faut agir en conséquence. Les récepteurs qui préviennent le cerveau de la douleur ont également une autre fonction. Ils fabriquent un médicament naturel pour atténuer la douleur : une substance appelée endorphine.

Froid et chaud

Les récepteurs de température ont un rôle très important. Ce sont eux qui contribuent à maintenir notre corps à 37°C. Si nous avons froid, les dendrites préviennent le cerveau, qui pourra alors prendre des mesures, comme se couvrir, activer le radiateur.

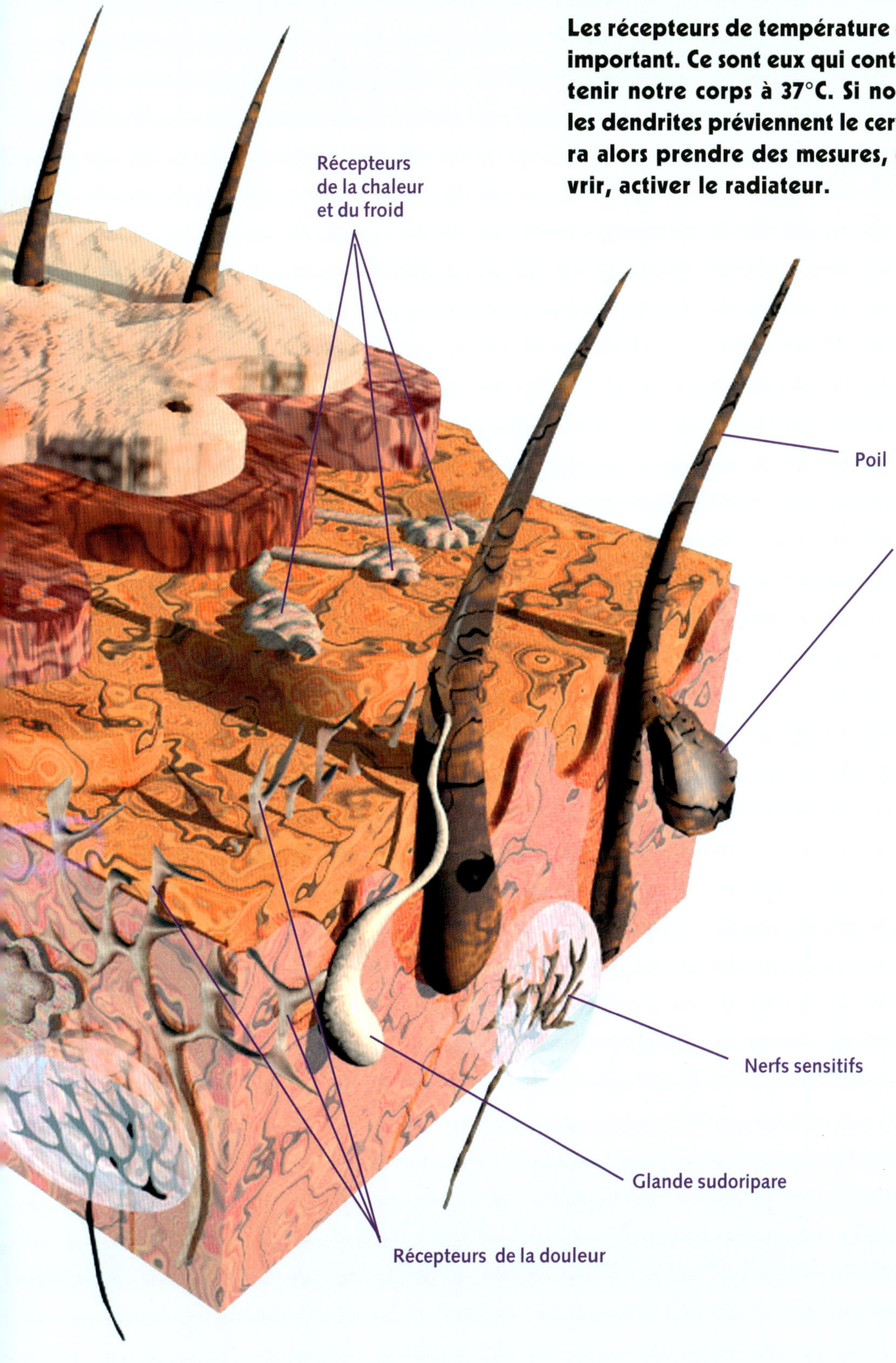

La vue

Une fillette – comme tout ce que nous regardons – absorbe de la lumière et en renvoie. Les rayons lumineux pénètrent dans notre œil, traversent la cornée, membrane transparente et protectrice, entrent dans la pupille, passent par le cristallin avant d'atteindre la rétine, située au fond de l'œil. L'image de la petite fille est à l'envers ! Elle est transformée en signaux électriques et envoyée au cerveau par le biais du nerf optique. Là, le cerveau interprète, assemble et analyse l'image reçue. Et il « remet » la fillette à l'endroit ! Au fait, pourquoi avons-nous besoin de deux yeux et non d'un seul ? Parce qu'ils nous permettent de voir en relief et d'évaluer les distances. C'est ce que l'on appelle la vision stéréoscopique.

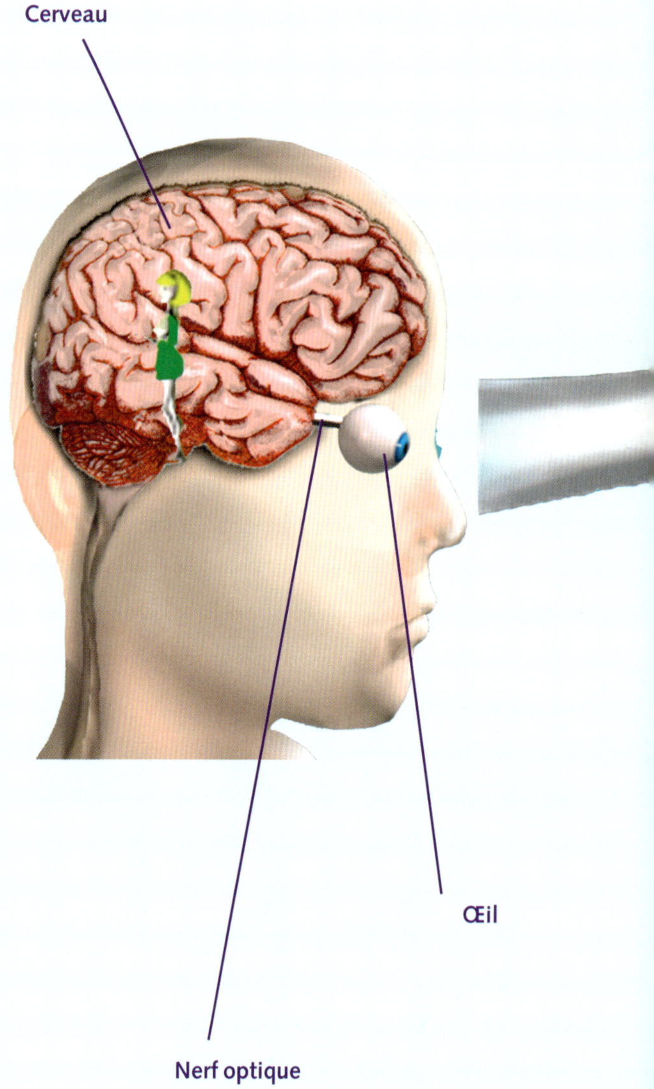

NOTRE ŒIL DISPOSE DE PLUSIEURS DISPOSITIFS DE RÉGLAGE :

Le cristallin

Il fait la mise au point. Il se bombe lorsqu'on regarde au loin et s'aplatit lorsqu'on fixe un objet de près. C'est l'organe de l'accommodation.

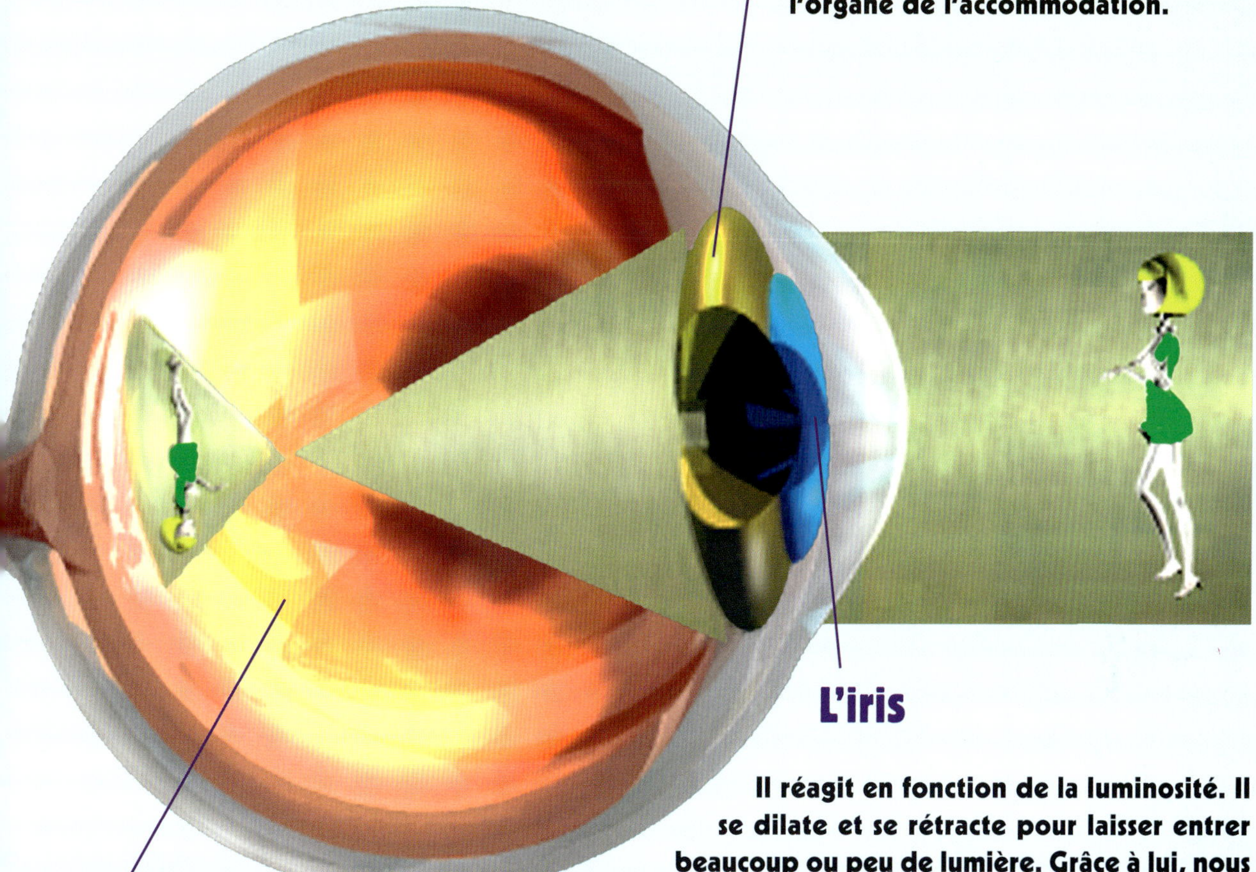

L'iris

Il réagit en fonction de la luminosité. Il se dilate et se rétracte pour laisser entrer beaucoup ou peu de lumière. Grâce à lui, nous pouvons voir dans la pénombre et dans la lumière aveuglante du soleil.

La rétine

Elle comprend des cônes et des bâtonnets. Les premiers nous permettent de voir en couleur, les seconds sont sensibles à la lumière faible et détectent les mouvements et les formes. Les cônes, situés au centre de l'œil, sont constitués de cellules sensibles uniquement au rouge, au vert et au bleu, et ces trois couleurs suffisent à reconstituer toute la palette des couleurs.

L'écologie

L'ensemble des régions de la Terre habitée par des êtres vivants s'appelle la biosphère. Elle est découpée en sous-ensembles plus petits, les écosystèmes. Ils comprennent une communauté d'êtres vivants et leur environnement. La forêt, la montagne sont des écosystèmes. L'écologue est celui qui étudie les relations entre les êtres vivants d'un écosystème, voire de la biosphère. L'écologie permet de nous rendre compte de l'importance des interactions entre les êtres vivants. L'introduction d'une nouvelle espèce dans un écosystème peut être fatale aux autres, la destruction de l'habitat également, etc. L'être humain dévaste quotidiennement, et souvent de manière irréversible, des écosystèmes. Il a pourtant un rôle très important à jouer pour protéger la diversité des espèces.

Qui mange qui ?

Mangé ou être mangé est la dure loi de la nature, représentée dans les chaînes alimentaires. Le lapin est mangé par le renard qui est mangé par le lynx. Les animaux en haut de la chaîne alimentaire sont appelés des superprédateurs (quand l'homme ne s'en mêle pas). C'est le cas du requin ou du hibou grand duc, par exemple.

Le lynx mange le renard qui mange le lapin qui mange des végétaux qui sont décomposés par des microorganismes ou des champignons, ainsi que les excréments et le cadavre du lynx.

Le monde du vivant

Voici les différents niveaux d'organisation dans la nature, du plus grand la biosphère au plus petit, (l'animal ou le végétal).

Chacun son rôle

Dans la nature, chacun a un rôle. Les producteurs produisent eux-mêmes leur énergie (les végétaux). Les consommateurs consomment les végétaux ou d'autres animaux (herbivores, carnivores). Et les décomposeurs (micro-organismes, champignons) décomposent la matière morte animale ou végétale. Les chaînes alimentaires forment ainsi un cycle complet de vie.

La photosynthèse

Les plantes fabriquent elles-mêmes leur nourriture. Ce processus s'appelle la photosynthèse. Elle s'effectue dans des cellules végétales, les chloroplastes, qui contiennent de la chlorophylle. Celles-ci piègent l'énergie solaire et la transforment en glucose (un sucre). La plante utilise immédiatement une partie du glucose pour sa croissance et stocke l'excédent sous forme d'un autre sucre, l'amidon. La nuit, lorsqu'elle ne peut pas réaliser la photosynthèse, elle puise dans cette réserve. À l'échelle atomique, le glucose est composé de carbone, d'oxygène et d'hydrogène. Pour transformer l'énergie solaire en glucose, la plante utilise le gaz carbonique ou CO_2 (1 atome de carbone, 2 atomes d'oxygène) et l'eau ou H_2O (2 atomes d'hydrogène, 1 atome d'oxygène). L'oxygène en surplus est rejeté (heureusement pour les êtres vivants !) dans l'atmosphère.

Pourquoi les feuilles sont-elles vertes ?

La chlorophylle servant à la photosynthèse est un pigment qui donne sa couleur verte aux végétaux. Elle absorbe les lumières rouge et bleue et renvoie la lumière verte. Plus une feuille croît, plus elle a de chlorophylle, ce qui explique les variations de couleur entre les jeunes pousses et les feuilles. À l'automne, la chlorophylle disparaît complètement, laissant la place à d'autres pigments : les caroténoïdes.

CHLOROPLASTE

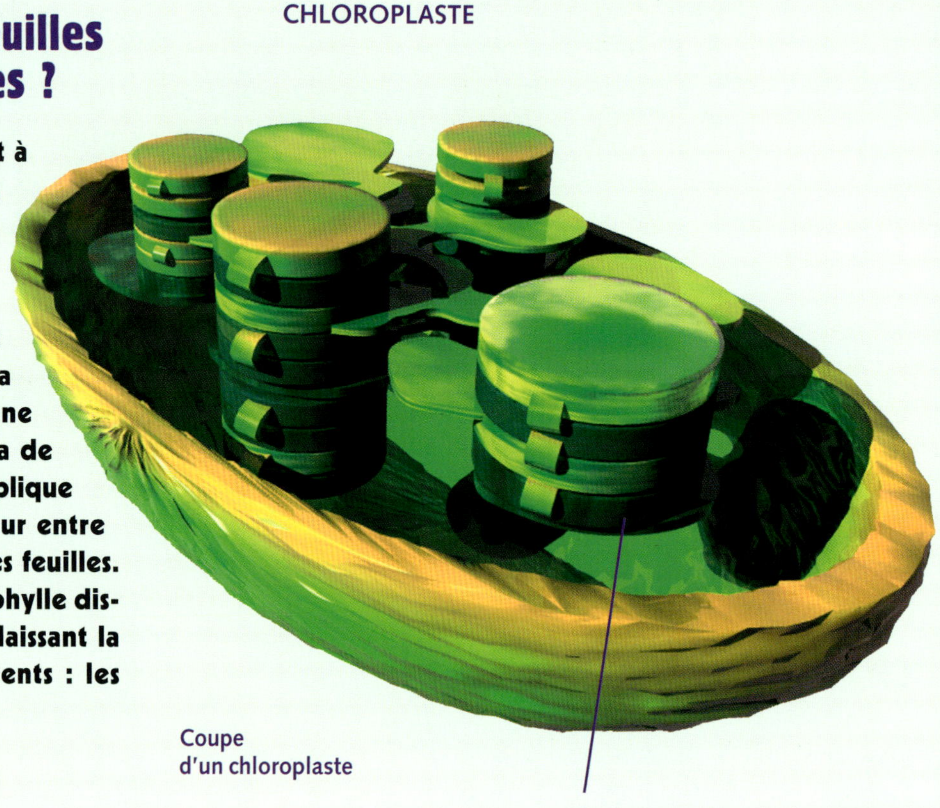

Coupe d'un chloroplaste

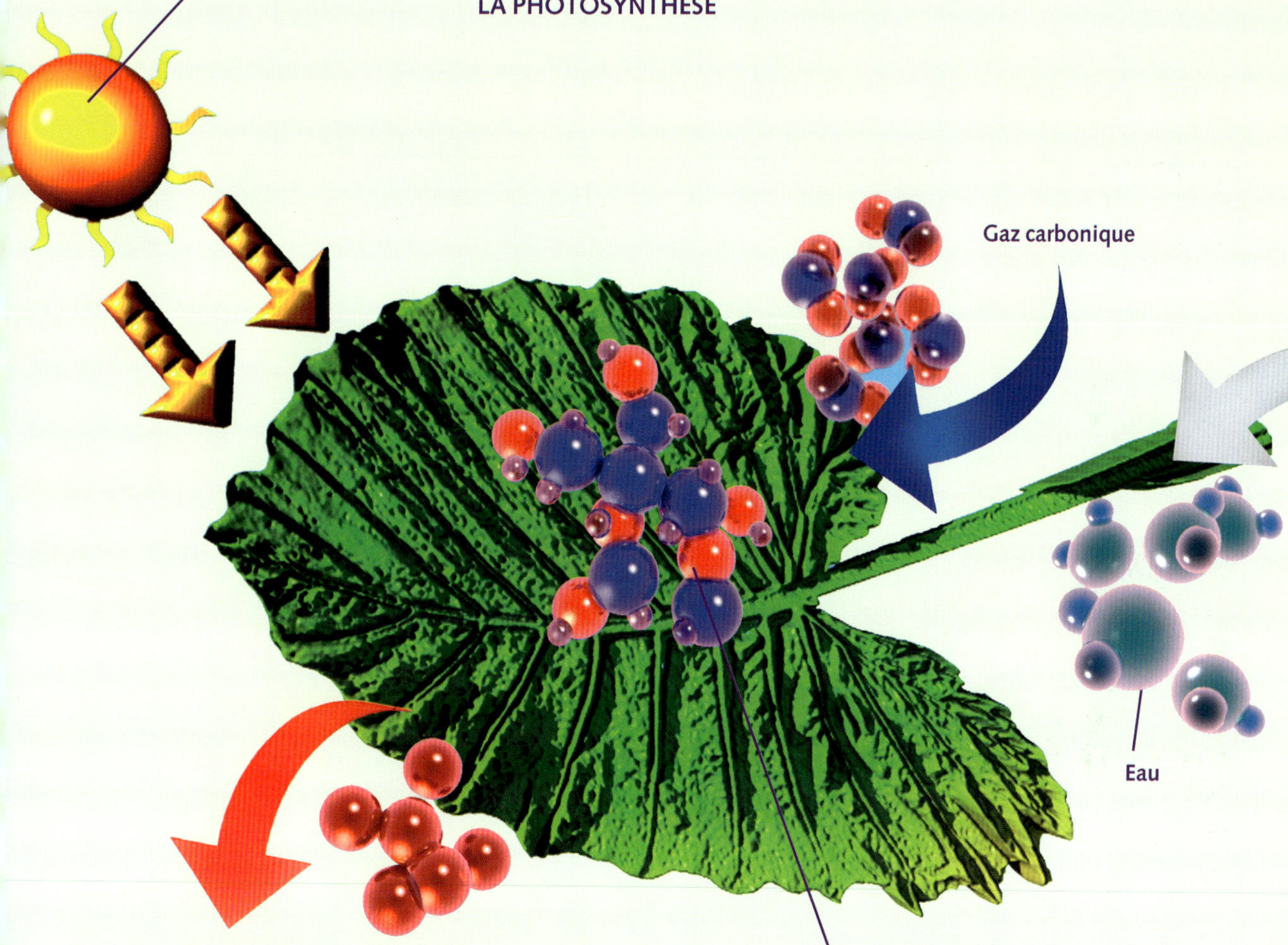

Le cycle du carbone

Comme l'eau, le carbone est recyclé indéfiniment sur terre. L'atmosphère est composée de gaz carbonique. Les végétaux l'absorbent par la photosynthèse. Les êtres vivants mangent les végétaux. Leur respiration libère du gaz carbonique dans l'atmosphère. La boucle est bouclée !

Le code génétique

Les organismes vivants sont composés de cellules. Dans leur noyau se trouve l'ADN (acide désoxyribonucléique). Il contient l'ensemble des informations nécessaires à la construction et au fonctionnement des organismes tout au long de leur vie. Une portion de ce très long filament est un gène. Chacun porte un caractère particulier : taille, couleur des yeux, des cheveux, etc. L'information génétique contenue dans l'ADN est codée. Seul l'ARN (acide ribonucléique) peut lire cette information et la transmettre à d'autres parties de la cellule, qui se chargeront de faire fonctionner l'organisme. Chaque filament d'ADN forme un chromosome. Leur nombre varie selon les espèces. L'être humain en possède 23 paires, le chat 19 paires, le singe 24, etc. La moitié des chromosomes provient du mâle, l'autre moitié de la femelle.

La structure de l'ADN

L'ADN ressemble à une échelle tordue en spirale. On parle de double hélice. Elle est constituée de 2 brins reliés par des « barreaux ». Chaque barreau est un assemblage de 2 éléments. Il en existe en tout 4 qui s'emboîtent les uns dans les autres. L'être humain possède près de 3 milliards de paires de ces éléments. Les multiples possibilités d'agencement de ces paires permet de « fabriquer » des milliards d'êtres humains, tous différents !

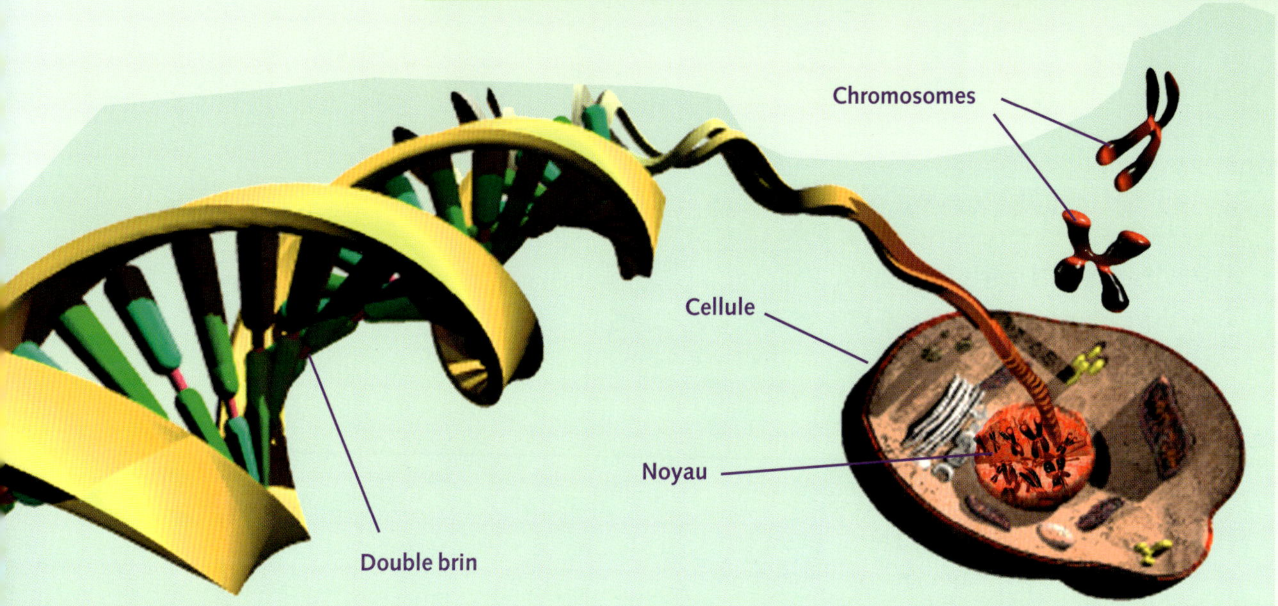

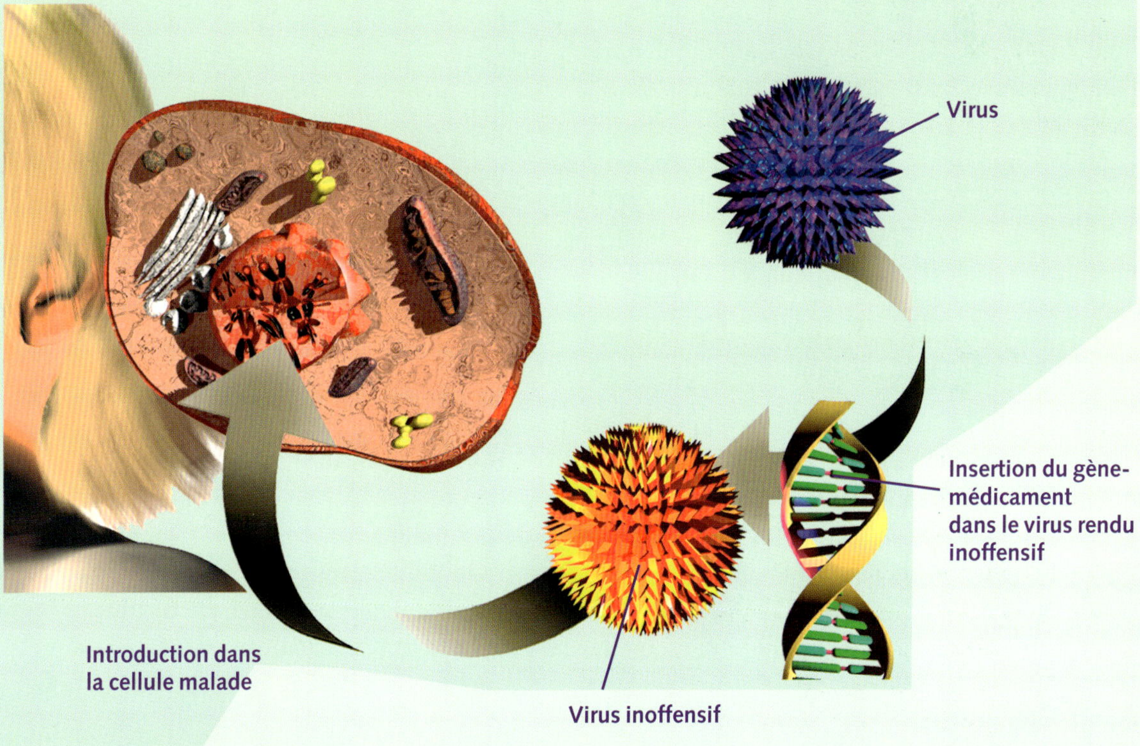

Des gènes pour guérir

Parfois, certains gènes sont abîmés, comportent des anomalies, ne permettant pas ou mal de transmettre l'information. Cela provoque des maladies dites génétiques. Il existe depuis peu des thérapies géniques : on prend un gène bien portant, on l'insère dans un virus rendu inoffensif pour qu'il puisse le transporter au cœur de la cellule malade. Vive les gènes-médicaments !

La cellule

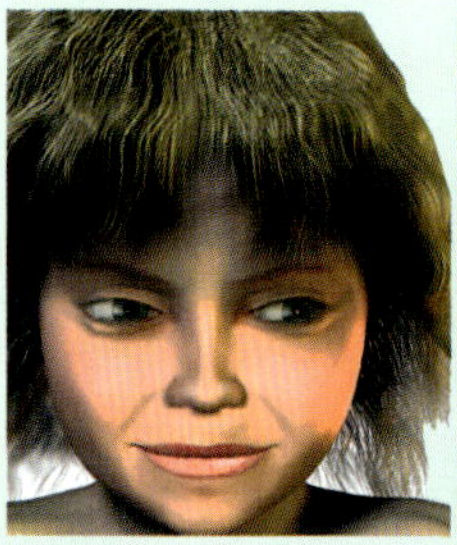

Elle est probablement apparue sur terre il y a 3,5 milliards d'années. Elle a servi de base à la constitution de milliards d'espèces végétales et animales. Découverte au XVIIe siècle grâce à l'invention du microscope, elle n'a pas encore fini de livrer tous ses secrets : c'est la cellule ! Soit l'unité de base des êtres vivants, le plus petit élément capable de vivre et de se reproduire tout seul. D'ailleurs, les êtres unicellulaires, comme leur nom l'indique, sont composés d'une seule cellule. C'est le cas des bactéries ou des levures. Les cellules se reproduisent en se divisant et parfois, en se divisant, elles se différencient pour assurer diverses fonctions dans l'organisme : cellules nerveuses, cellules sanguines, cellules intestinales, etc. Le corps humain est ainsi constitué de milliards de cellules qui se regroupent en 200 familles distinctes et spécialisées pour assurer une fonction spécifique. Les cellules ont une espérance de vie variable. Celles de l'intestin grêle, par exemple, meurent au bout de 3 à 5 jours, tandis que les neurones de notre cerveau vivent plus de 80 ans !

Portrait d'une cellule eucaryote

Les cellules animales et végétales possèdent un noyau. On dit qu'elles sont eucaryotes. Ce noyau ainsi que d'autres petits corps appelés organites baignent dans une substance gélatineuse, le cytoplasme, le tout étant enveloppé d'une membrane perméable permettant les échanges entre l'intérieur et l'extérieur.

Cellule procaryote

Les cellules qui n'ont pas de noyau sont appelées procaryotes.

CELLULE EUCARYOTE

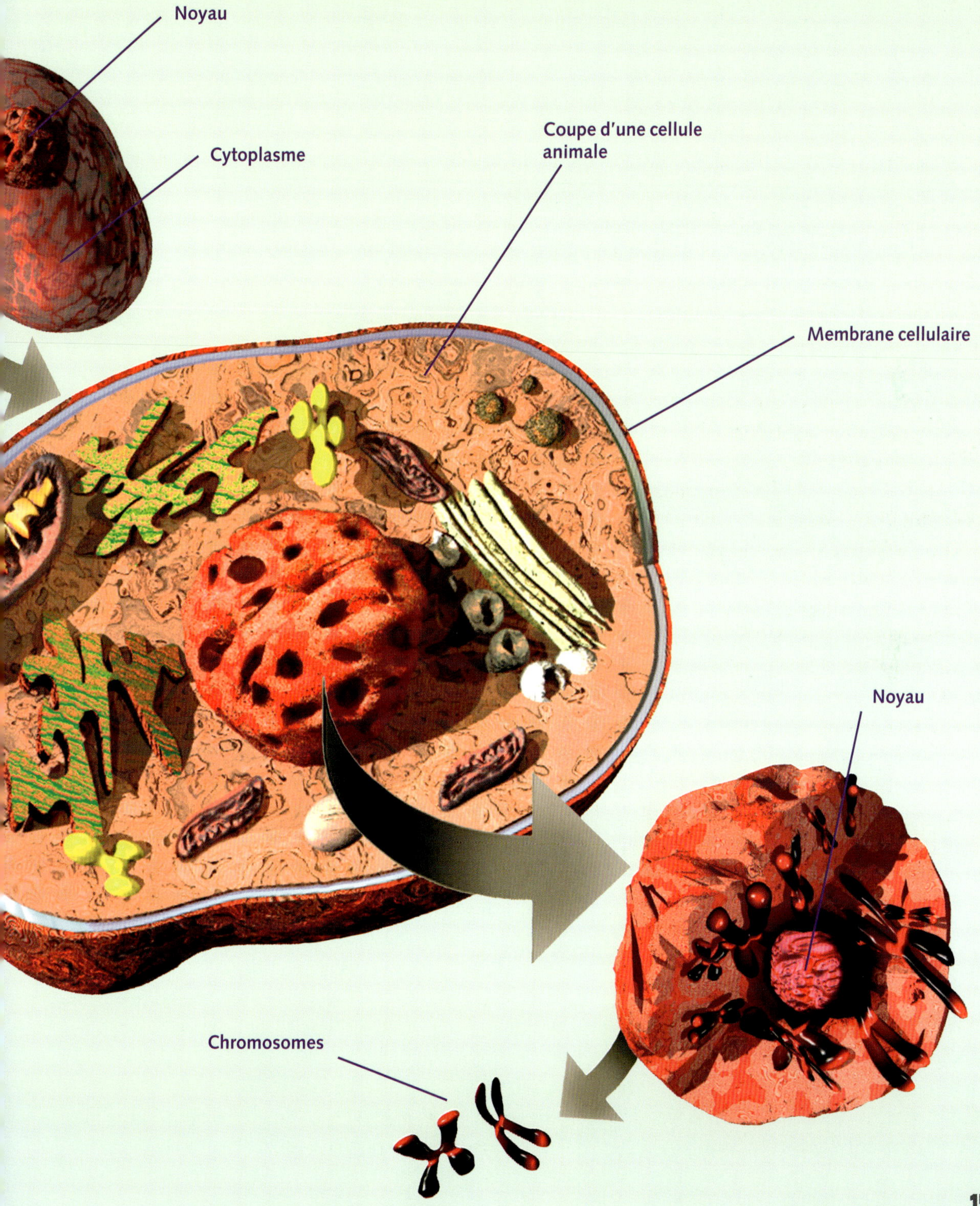

Les micro-organismes

« Ne reste pas dans les courants d'air, tu vas attraper un microbe ! » Mais qui sont ces microbes ? Ce sont des organismes microscopiques qui ne sont pas seulement malfaisants mais peuvent se révéler aussi de précieux alliés :ils transforment le lait en yaourt, la pâte en pain, composent les antibiotiques, dégradent les détritus, prédigèrent les aliments arrivés dans notre tube digestif, etc. Eh oui, notre corps est composé de milliers de milliards de microbes ! Et les mauvais ? Ils véhiculent des maladies. Grâce aux découvertes de Pasteur sur les microbes, les maladies ont reculé de manière extraordinaire. D'une part, parce que des précautions d'hygiène telles que « lave-toi les mains avant de manger... » sont prises et, d'autre part, parce que des vaccins contre les grandes épidémies sont mis au point.

LES QUATRE FAMILLES DE MICROBES, DES PLUS PETITS AUX PLUS GROS :

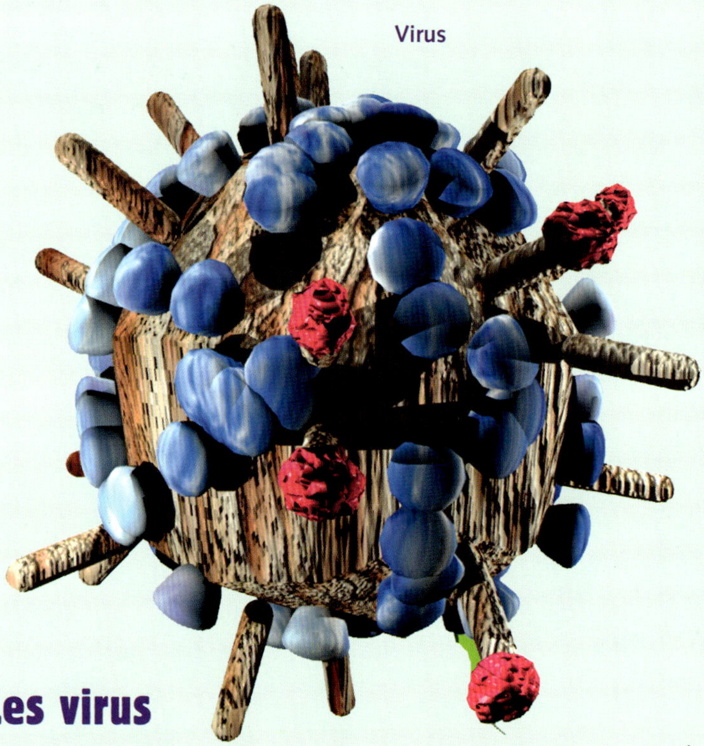

Les virus

Incapables de se nourrir ou de se reproduire, ils ne possèdent pas de cellule, juste une enveloppe comprenant quelques protéines. Mais, dès qu'ils rencontrent des cellules, ils en prennent le contrôle et se mettent à les dupliquer.

Les bactéries

Elles possèdent une cellule sans noyau. En une demi-heure, une seule bactérie peut donner naissance à autant de bactéries qu'il y a d'habitants sur la Terre ! Elles résistent à tous les milieux : salé, acide, glacial, bouillant, etc.

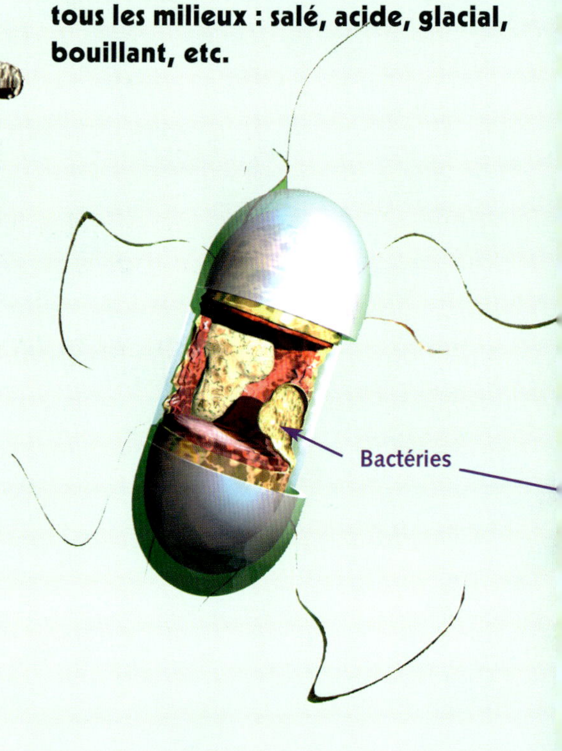

Amibe

Algue

Les unicellulaires

Composés d'une seule cellule avec un noyau, ils s'épanouissent de préférence dans l'eau. Ils peuvent être des végétaux, comme les algues, ou des organismes carnivores, comme les amibes.

Champignons

Les champignons

Ils sont composés de plusieurs cellules avec noyau, se nourrissent de matière organique et se reproduisent par la multiplication de leurs pores.

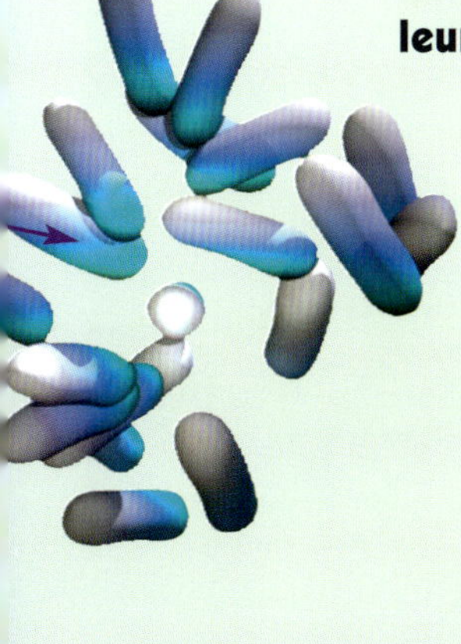

Les avalanches

Attention au bruit de tonnerre en montagne, surtout si le ciel est bleu ! C'est peut-être le signe qu'une avalanche est en train de dévaler les pentes non loin de là... Une avalanche, qu'est-ce que c'est ? Un écoulement de neige sur les flancs des montagnes. La neige se met en mouvement lorsque la pente est inclinée d'au moins 30% et que la végétation est rare, ne freinant pas sa progression. L'avalanche peut être déclenchée par un changement de température ou une surcharge de poids. Elle est très dangereuse. Afin d'éviter les risques, dans les zones habitées ou d'activité humaine, on construit des murs d'arrêt ou des ouvrages pour dévier sa trajectoire. On peut également la déclencher par tir ou par explosif.

ON DISTINGUE TROIS GRANDS TYPES D'AVALANCHES :

L'avalanche de printemps

Lorsque les températures remontent, au printemps ou même au milieu de l'hiver, la neige fond. L'eau alourdit les couches inférieures et entraîne la neige, qui peut dévaler les pentes à 60 km/h.

L'avalanche de plaque

Les montagnes sont composées en hiver de plusieurs couches de neige. La dernière, fraîchement tombée, mettra plusieurs semaines avant d'adhérer à la couche inférieure. La plaque se détache et glisse sur plusieurs centaines de mètres à une vitesse de 100 km/h.

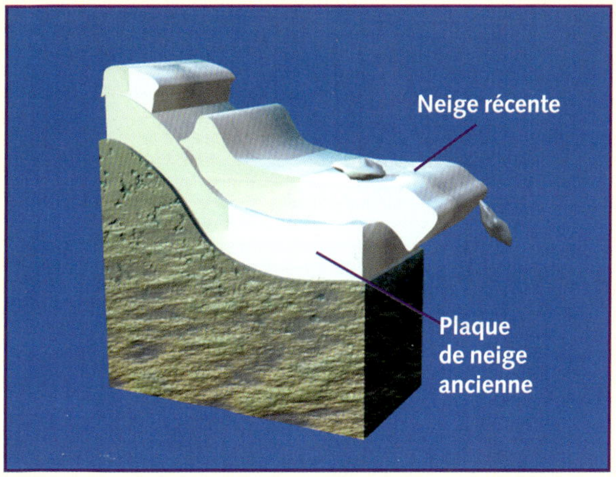

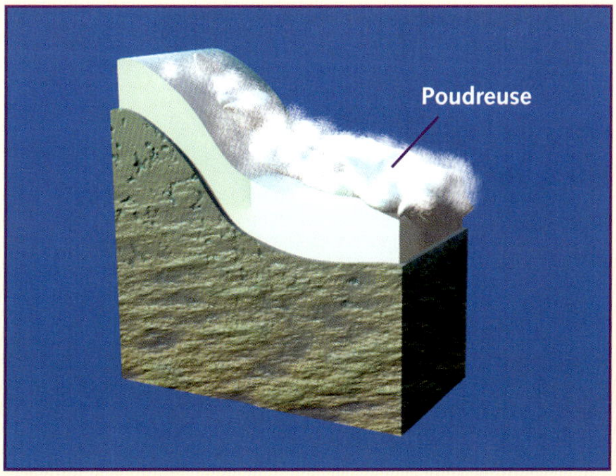

L'avalanche de poudreuse

Elle se produit lorsqu'il a beaucoup neigé. La neige se mélange à l'air et glisse le long de la pente formant, un rouleau de plus en plus gros qui peut atteindre 200 km/h.

Séismes et raz de marée

La croûte terrestre est composée de neuf grandes plaques tectoniques et d'une douzaine plus petites, sur lesquelles reposent les continents et les océans. Elles se déplacent de quelques centimètres par an. Ridicule à l'échelle de la planète, n'est-ce pas ? Mais c'est suffisant pour que, sous terre, de 60 à 700 km sous la surface, les roches se déforment année après année. Jusqu'à l'inévitable rupture: le sous-sol se fend, une fracture apparaît et des ondes sismiques se propagent alors en surface, faisant trembler la Terre. Et, lorsque les séismes surviennent en pleine mer, les vibrations peuvent produire d'énormes vagues de 30 m de hauteur déferlant à une vitesse de 800 km/h. C'est le raz-de-marée, qu'on appelle aussi un tsunami. On dénombre un million de séismes par an dans le monde. Heureusement, seulement 5 % d'entre eux provoquent des désastres.

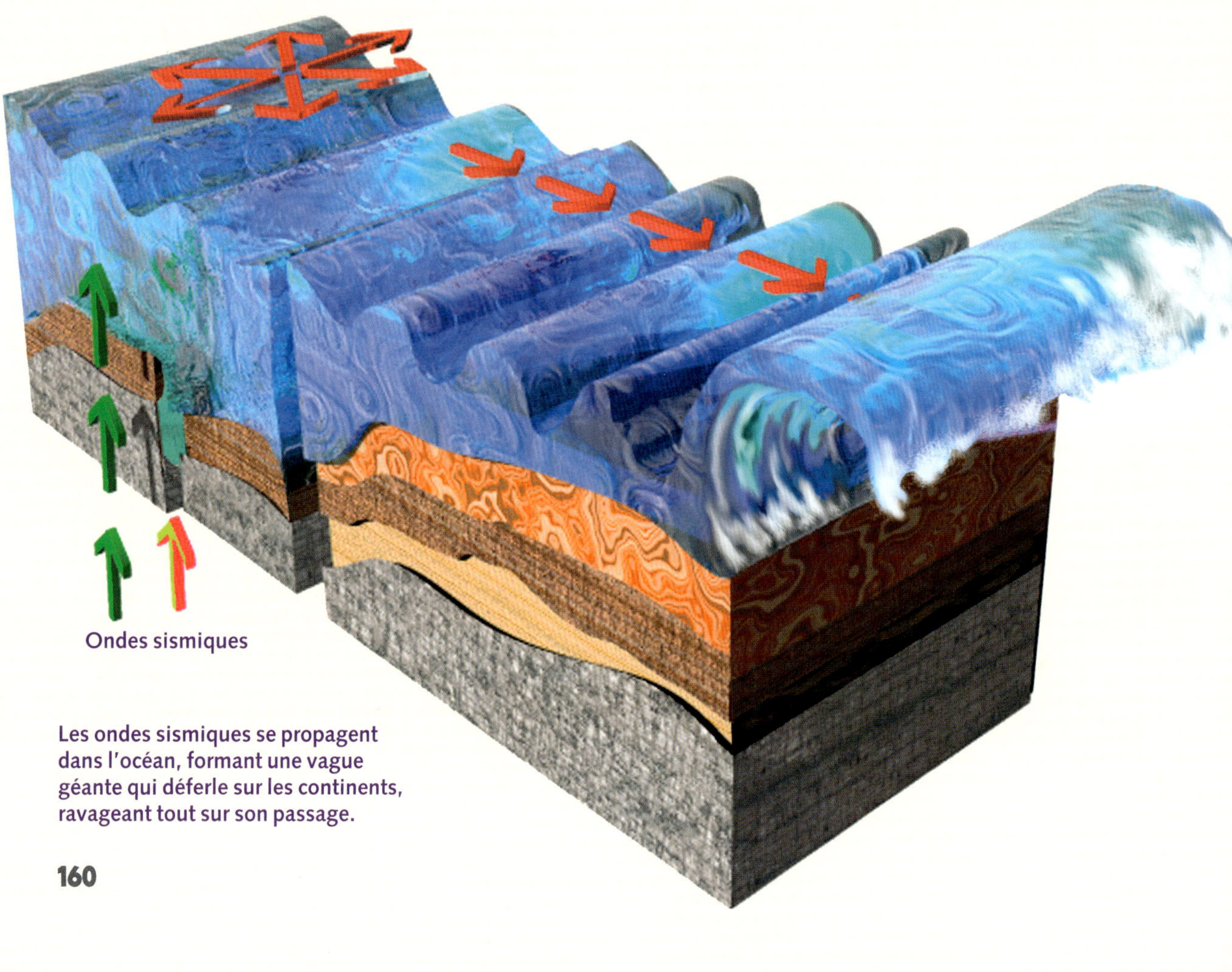

Les ondes sismiques se propagent dans l'océan, formant une vague géante qui déferle sur les continents, ravageant tout sur son passage.

Les ondes sismiques se propagent jusqu'à la surface de la terre, provoquant des séismes.

Les échelles de mesure

L'échelle de MSK, du nom de ses auteurs — Medvedev, Sponheuer et Karnik — a été proposée en 1964 et comporte 12 degrés. Elle permet de noter l'ampleur des dégâts : de 1 à 6, les tremblements de terre ne provoquent pas de dégâts majeurs; au-delà, les murs commencent à tomber... En 1935, Charles Francis Richter met au point une échelle qui porte aujourd'hui son nom. Cette échelle de Richter s'arrêtait alors à 9 mais les scientifiques l'ont ensuite ramenée à 10. Chaque degré supplémentaire correspond à une énergie déployée 30 fois supérieure au précédent !

Comment se forment les volcans ?

La Terre est comme une gigantesque pêche. Son noyau est constitué de métal pur, le fer. Autour du noyau, le manteau de la Terre est un mélange de roches solides et liquides bouillantes, de 1500°C à 4000°C. La croûte terrestre qui repose sur le manteau est fine, comme la peau sur une pêche. Elle mesure à peine 30 km au niveau des continents, 10 au-dessous des océans. Les roches du manteau, en perpétuel mouvement, fendent la croûte en plusieurs morceaux appelés des plaques tectoniques. Sous l'action de ces roches mouvantes, les plaques glissent les unes sous les autres, s'écartent, se chevauchent, créant des éruptions volcaniques, des chaînes de montagnes, des tremblements de terre. Les volcans apparaissent ainsi pour trois raisons :

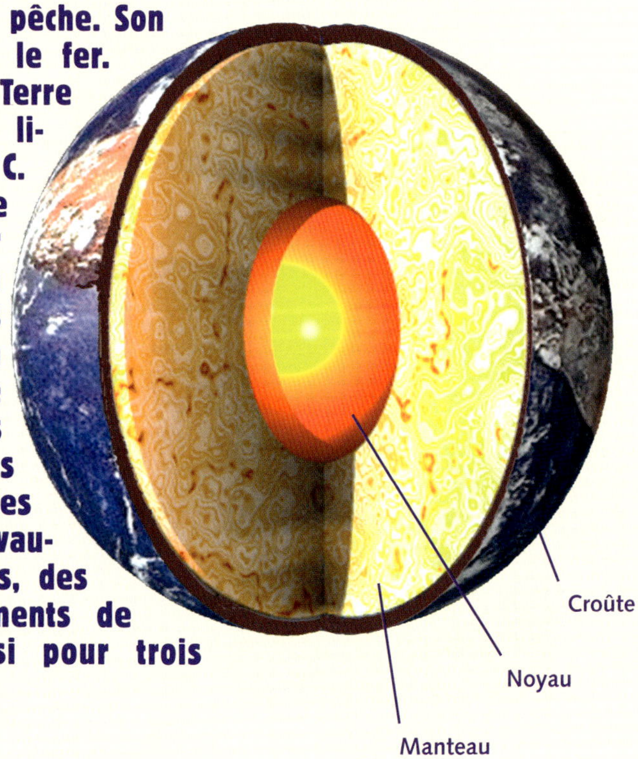

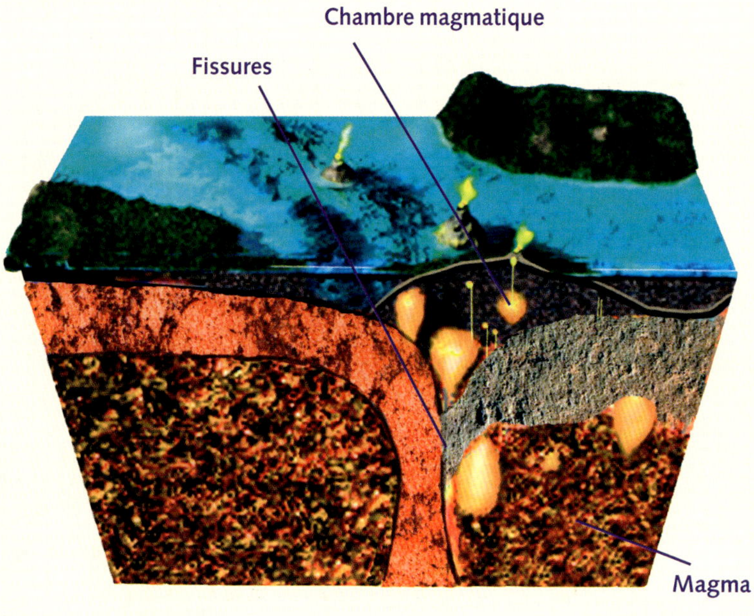

Quand deux plaques se chevauchent...

... la plus lourde plonge sous la plus légère. Quand la plaque s'enfonce, elle emporte avec elle des roches qui contiennent de l'eau. L'eau baisse la température du magma qui remonte alors, créant des éruptions volcaniques, terrestres ou sous-marines, explosives.

Quand deux plaques s'écartent

... une déchirure apparaît. Le magma remonte alors à travers les fissures, dégouline de part et d'autre et se solidifie. Tous les océans sont parcourus par ces dorsales. Seules deux zones émergent à la surface de l'océan : l'Islande et l'Afar, dans l'Est africain.

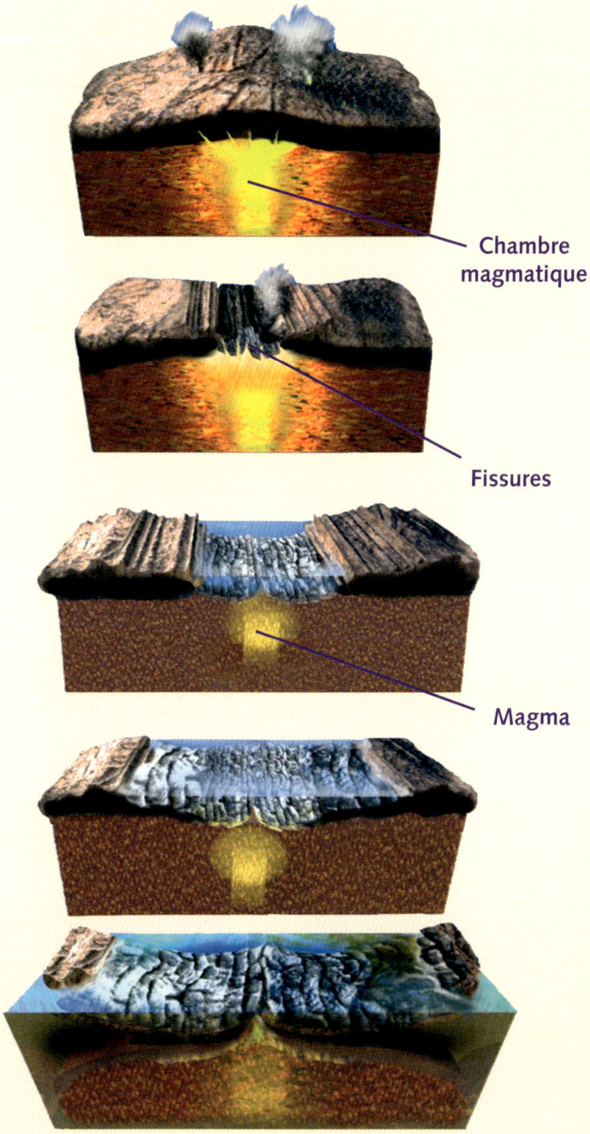

Quand une bulle de magma s'échappe du manteau...

... elle perce la croûte terrestre. Comme le point chaud ne bouge jamais (contrairement aux plaques) si un volcan s'endort longtemps, la nouvelle bulle de magma fabriquera un deuxième cratère, un troisième, un quatrième...

Tornades et cyclones

Pour qu'un cyclone se forme, il faut qu'une masse d'air froid située en altitude rencontre une masse d'air chaud située plus bas. Autrement dit, de gros nuages au-dessus de mers chaudes ! L'air chaud, plus léger, remonte dans l'atmosphère, en colonne, jusqu'à une altitude de 10 à 15 km. Là-haut, il se refroidit et redescend, puis se réchauffe en descendant et remonte créant un tourbillon. Il a un diamètre de 100 km lors de sa formation et peut atteindre 300 à 600 km. Ce tourbillon de pluies et de rafales de vent puissantes (jusqu'à 350 km/h) se déplace et parcourt des kilomètres, dévastant tout sur son passage. Sous l'effet d'une force appelée force de Coriolis, les cyclones tournent dans le sens des aiguilles d'une montre dans l'hémisphère Sud, et dans l'autre sens dans l'hémisphère Nord.

Tous différents

Une tornade naît à peu près de la même façon qu'un cyclone à ceci près que la rencontre entre la masse d'air froid et la masse d'air chaud se réalise au-dessus de la Terre. Elle est également moins puissante : son diamètre maximal est de 200 m, sa vitesse moyenne de 50 km/h, et sa durée de vie est d'une vingtaine de minutes. Quant au typhon, c'est le nom que l'on donne aux ouragans qui se forment dans le pacifique Ouest.

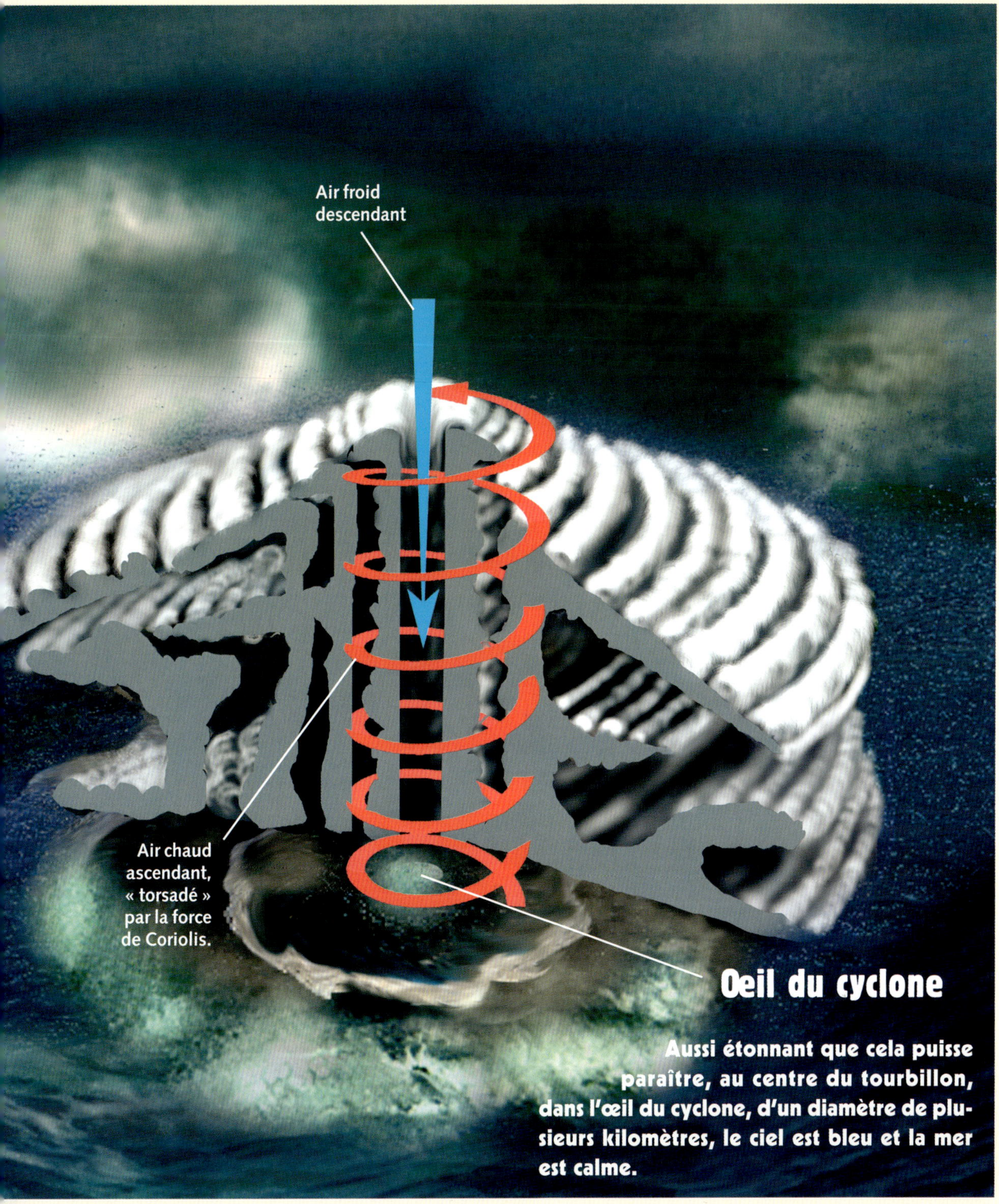

Oeil du cyclone

Aussi étonnant que cela puisse paraître, au centre du tourbillon, dans l'œil du cyclone, d'un diamètre de plusieurs kilomètres, le ciel est bleu et la mer est calme.

Qu'est-ce que l'électricité ?

L'électricité est un phénomène naturel. Déjà, il y a 4 milliards d'années, de grands éclairs zébraient le ciel. Invisible, elle est pourtant présente partout, y compris dans notre corps ou celui des animaux. C'est elle qui transmet les messages du système nerveux au reste de l'organisme. Chaque fois que les muscles travaillent, ils produisent de petites quantités d'électricité. Dans la nature, les charges électriques s'équilibrent. Les charges de signes contraires (– et +) s'attirent, les charges de même signe se repoussent (+ et +, – et –). L'électricité est découverte au VIe siècle avant JC, par un savant grec, Thalès de Millet, en frottant un bout de tissu contre de l'ambre (*elektron* en grec...). Mais il faut attendre le XIXe siècle et l'invention de la pile pour que l'électricité connaisse un véritable essor.

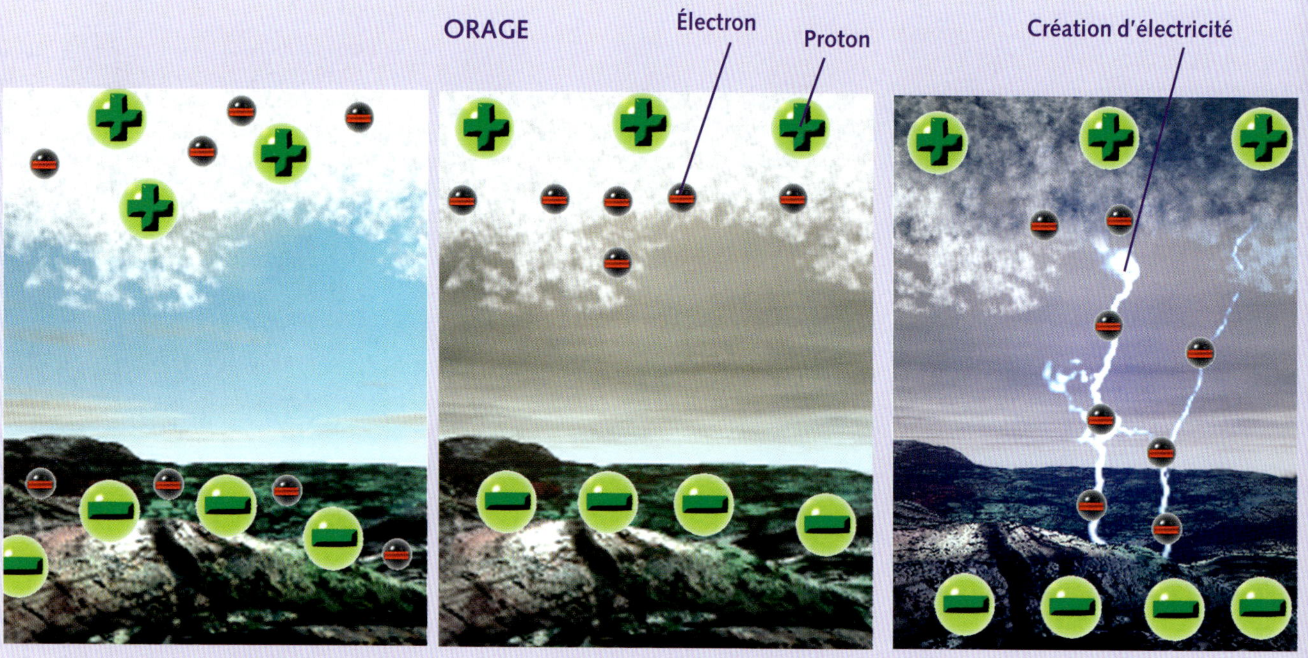

L'électricité naturelle

Lors d'un orage, un déséquilibre de charges se forme : les gouttes de pluie secouées à l'intérieur d'un nuage font apparaître des charges électriques positives. L'éclair rétablit l'équilibre en déchargeant le trop plein sur la terre chargée négativement. En France, 1 à 2 millions d'orages éclatent chaque année.

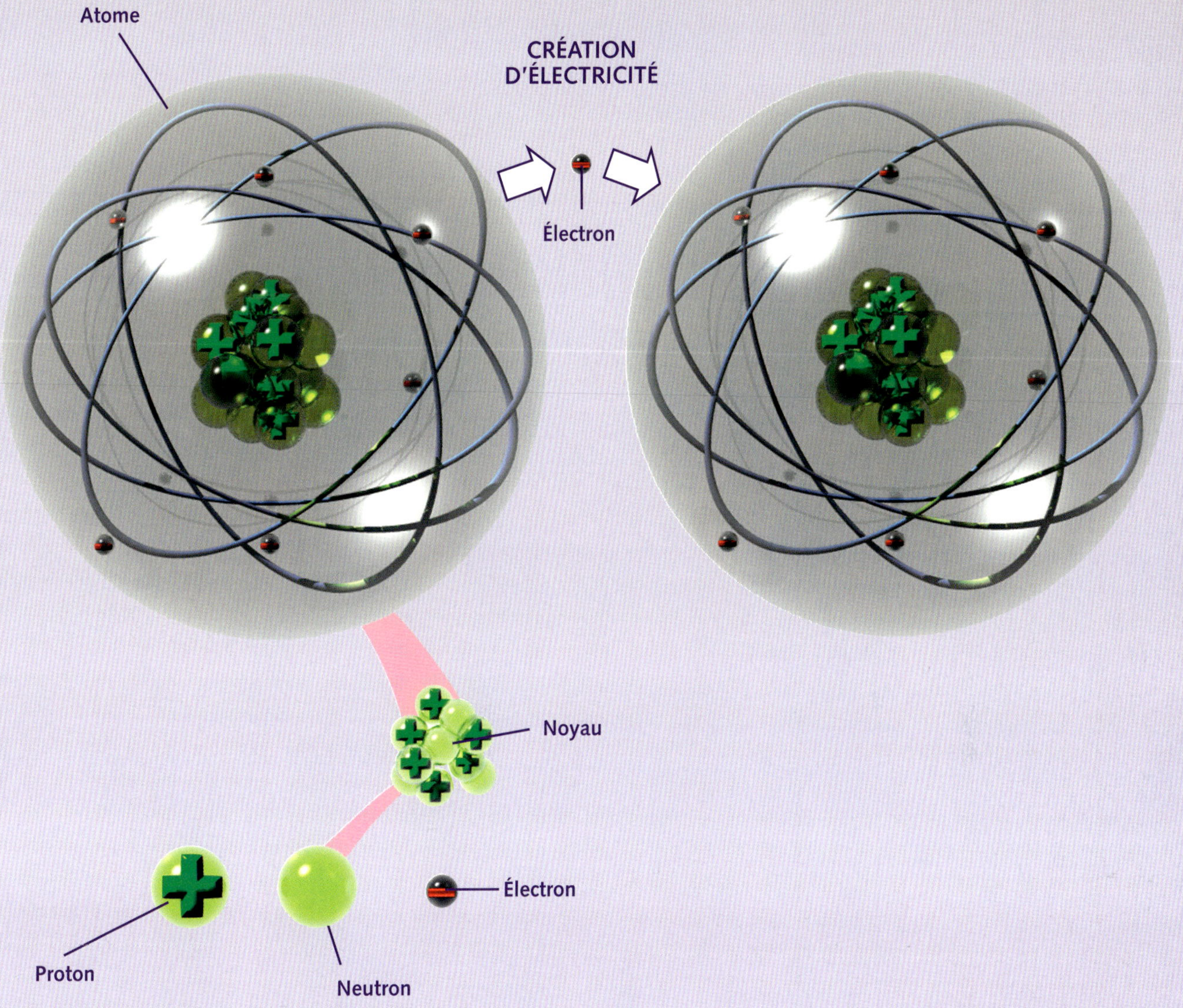

À l'échelle atomique

Les atomes sont de minuscules grains invisibles à l'œil nu. Ils comportent chacun un noyau, positif, autour duquel tournent de petites particules, les électrons, chargées négativement. Les électrons peuvent se déplacer et sauter d'un atome à un autre, créant un courant électrique.

Produire de l'électricité

L'électricité, ce sont des électrons qui sautent d'un atome à un autre. Il faut, pour fabriquer de l'électricité, provoquer ces déplacements. C'est la fonction, dans une centrale, du générateur, grosse bobine de fil de cuivre à l'intérieur de laquelle tourne à grande vitesse un aimant. Cela crée un champ magnétique et un déplacement d'électrons. Le générateur n'est qu'un seul élément d'une centrale. Il faut d'abord une source d'énergie (vent, soleil, vapeur d'eau chaude, etc.) Celle-ci entraîne les roues ou pales de gigantesques turbines produisant de l'énergie mécanique, transformée par le générateur en énergie électrique. L'électricité peut alors être transportée mais il est impossible de la stocker. Des ordinateurs essaient de calculer et prévoir nos besoins. Et, en cas de demande plus importante, les centrales hydroélectriques, qui fabriquent très rapidement de l'électricité, prennent le relais.

Le voyage de l'électricité

L'énergie qui sort d'une centrale a une tension de 400 000 volts. Elle est transportée par des fils à haute tension, puis transformée en moyenne et basse tension pour alimenter sans danger les usines (20 000 volts) et les maisons (230 volts).

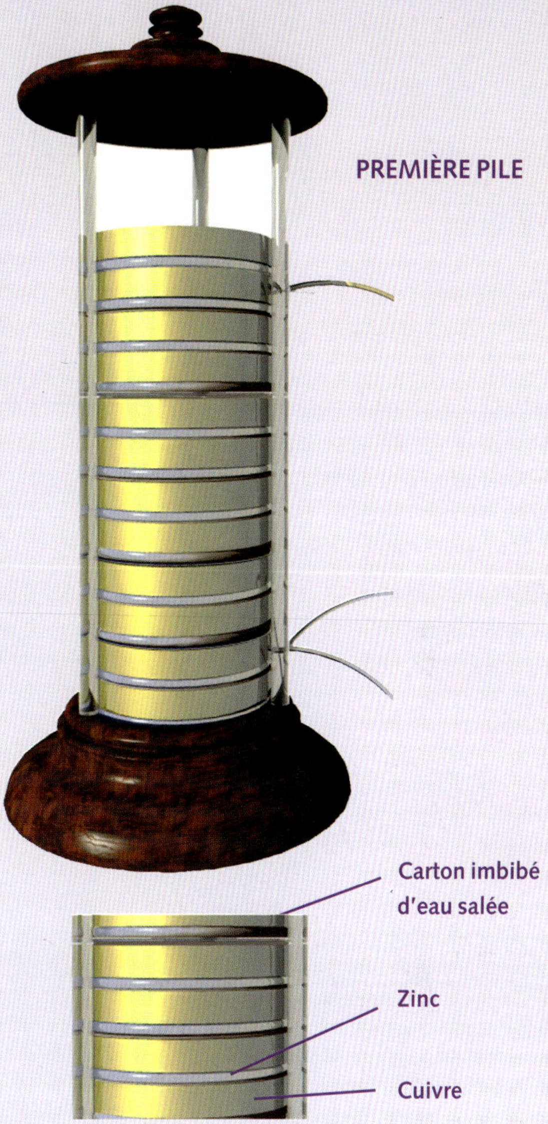

L'électricité portable

La première pile est inventée par Alessandro Volta en 1800. Il empile des disques de cuivre, de carton imbibé d'eau salée et de zinc, et relie le haut et le bas de cette... pile (d'où son nom !) par un fil métallique. Une réaction chimique se produit, créant de l'électricité. Pour augmenter sa durée de vie (une pile est morte lorsqu'il n'y a plus de produit), l'eau salée sera remplacée par d'autres produits chimiques.

L'électricité à la maison

Dans les pays industrialisés, l'électricité nous éclaire, nous chauffe et alimente l'ensemble de nos appareils électroménagers mais 2 milliards de personnes sont encore privées de ses bénéfices. Chez nous, elle est omniprésente, à tel point que, comme l'eau courante, on oublie que l'électricité domestique n'est pas si vieille que ça ! Dans les années 1880, quelques grandes villes comme Paris, Londres ou New York commencent à être électrifiées. La distribution se généralise en 1920 à l'ensemble des villes industrialisées. Mais, à la fin de la Seconde Guerre mondiale, l'électrification n'est pas encore achevée dans les campagnes. C'est le cas de la Bretagne, dont seulement 40% des foyers voient le jour... la nuit ! Depuis, la consommation d'électricité a connu un essor incroyable. En 1990, un Américain moyen consommait un volume d'énergie équivalant à celui de 3 Japonais, 14 Chinois, 38 indiens, ou 531 Éthiopiens ! Et c'était il y a quinze ans...

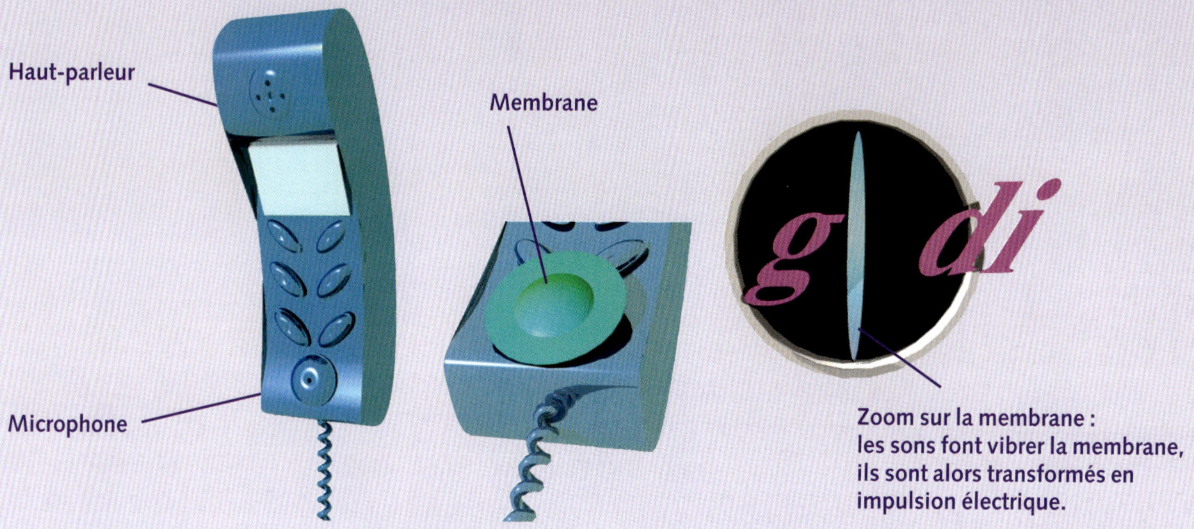

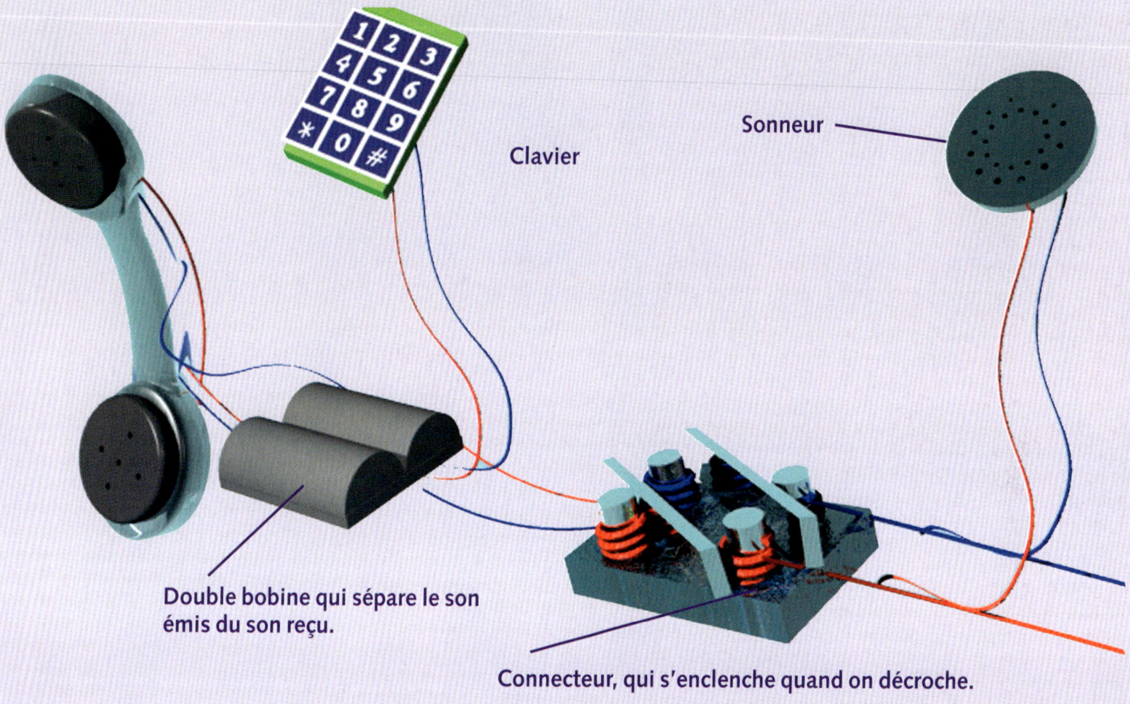

Les veilles

Lorsqu'on regarde la télévision 3 heures chaque jour, puis qu'on l'éteint avec la télécommande, il faut savoir qu'elle consomme plus d'électricité en veille que lorsqu'elle est allumée ! Et c'est le cas d'un grand nombre d'appareils : il vaut donc mieux éteindre ces veilles très gourmandes !

Des inventions électriques

La maîtrise de l'électricité a permis de nombreuses inventions comme le télégraphe, le téléphone, la télévision, etc. Le principe est de transformer les voix, les images en signaux électriques, de les transporter via des câbles électriques et de les retransformer.

Les conducteurs et les isolants

On appelle conducteurs les corps par lesquels l'électricité circule aisément, et isolants les corps qui la laissent difficilement passer. Comment expliquer ce phénomène ? L'électricité naît lorsque des électrons sautent d'un atome à un autre. Certains éléments, comme les métaux, ont des électrons libres, c'est-à-dire peu liés au noyau. Ils peuvent se déplacer facilement d'un atome à un autre. Contrairement aux isolants comme le verre, le plastique ou la porcelaine, dont les électrons sont tellement attirés par leur noyau qu'ils ne peuvent pas ou peu bouger. Conducteurs et isolants sont indispensables pour le transport et les différents usages de l'électricité. Les fils électriques, les prises sont en métal (conducteur) et protégés par des gaines en plastique (isolant), par exemple.

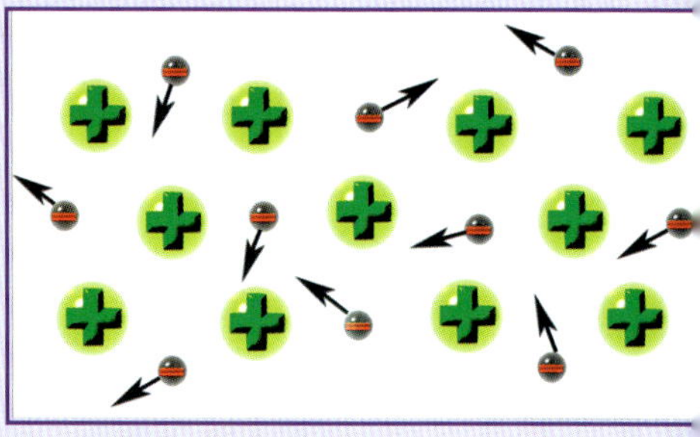

Le plastique comme celui du canard ne conduit pas l'électricité: les électrons se déplacent de manière désordonnée, l'ampoule ne s'allume pas.

Isolons l'isolant

Les lignes à haute tension transportent de l'électricité à très fort voltage (400 000 volts). Il est donc indispensable de les isoler correctement des pylônes, pour ne pas provoquer des étincelles et des feux. Des isolants en céramique ou en verre sont utilisés. Les câbles, eux, sont isolés par un autre isolant invisible… l'air ! C'est la raison pour laquelle il est coûteux d'enterrer les lignes à haute tension : de nombreux aménagements doivent être réalisés pour remplacer cet isolant naturel.

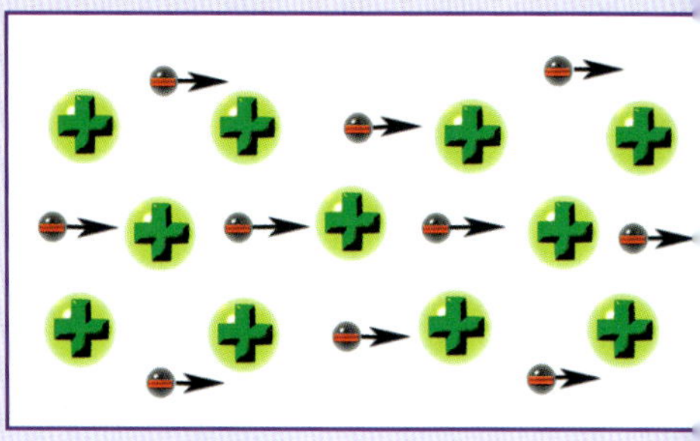

Le métal comme celui de la clef conduit l'électricité: produisant le déplacement des électrons, l'ampoule s'allume.

Le corps conducteur

Le corps est aussi un bon conducteur d'électricité. Lors d'un orage, il faut se séparer de tout objet métallique, RESPECTER UNE distance de 5 m entre chaque personne et se mettre en boule. Et, si l'on est en voiture, rester dedans, car c'est un bon isolant.

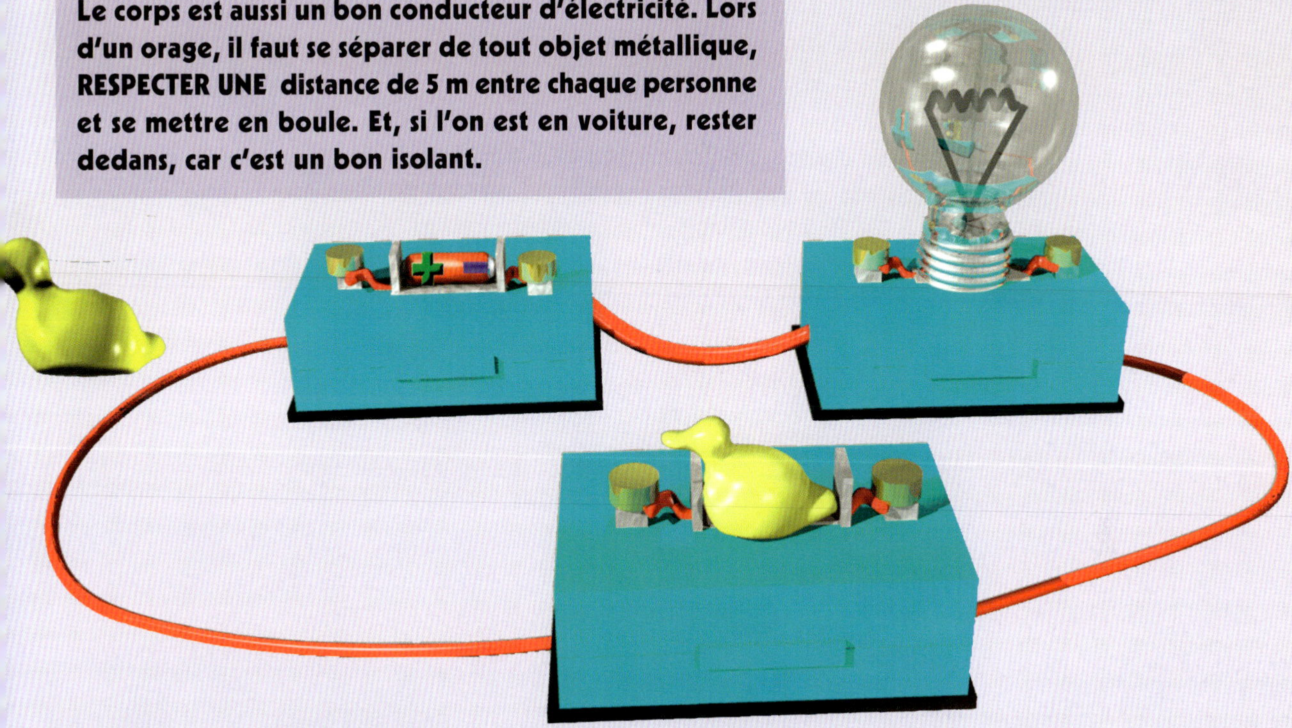

Par ici, les électrons !

À l'intérieur d'un corps conducteur, les électrons ont un mouvement désordonné. Ils se déplacent au hasard. Pour créer de manière artificielle un courant électrique, il faut provoquer une différence de potentiel entre les deux extrémités du conducteur, c'est-à-dire plus d'électrons d'un côté que de l'autre.

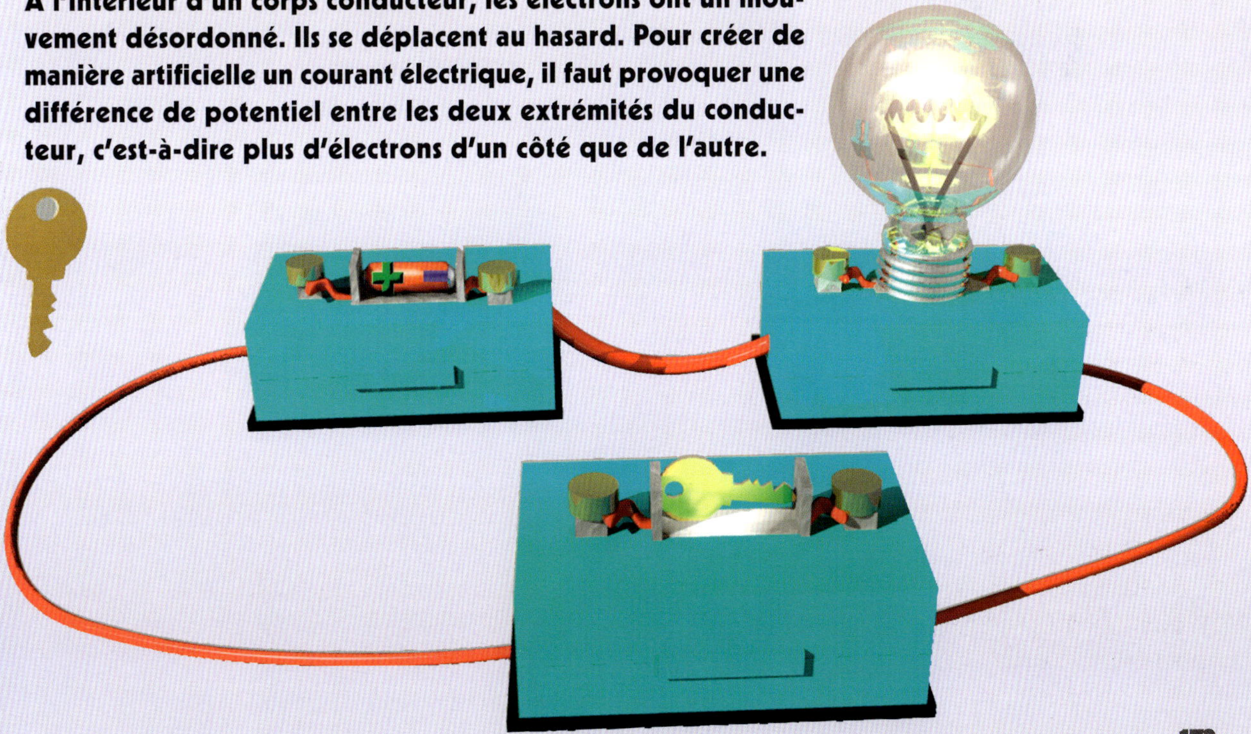

La poussée d'Archimède

Certains prennent des bains pour se détendre, d'autres en profitent pour faire des découvertes scientifiques. C'est le cas d'Archimède, un savant grec qui s'aperçoit, vers 200 avant J.C., que son corps flotte dans l'eau. Euphorique, il se serait élancé, nu comme un ver, dans la rue en criant « Eurêka ! » ce qui signifie « J'ai trouvé! » en grec. Il ne s'est pas arrêté à cette simple constatation et a défini un principe que voici : tout corps plongé dans l'eau subit une pression du bas vers le haut égale au poids du volume de liquide déplacé.

Lorsqu'on est à la piscine, on se sent plus léger. Et pourtant, notre poids est toujours le même. C'est l'eau qui exerce une action sur notre corps, cette fameuse poussée d'Archimède. C'est elle également qui permet à un bateau de flotter, lorsque l'action que l'eau exerce sur lui est égale à son poids. Un bateau lourd s'enfoncera beaucoup et occupera la place d'un grand volume d'eau. C'est pourquoi les coques des bateaux sont creuses : même si elles occupent un grand volume, leur poids n'est pas trop grand et permet au bateau de flotter.

Le bathyscaphe

Le bathyscaphe sert à explorer les fonds sous-marins. Son fonctionnement est presque le même que celui d'un sous-marin. On remplit les réservoirs du flotteur pour l'alourdir. Son poids sera supérieur à la pression exercée sur l'eau et donc il descendra sous l'eau. Pour le faire remonter, il suffit d'alléger de nouveau son poids. Des petits morceaux de fer attirés par un électroaimant servent de lest (la technique est différente de celle utilisée dans les sous-marins). Une fois le courant coupé, leur poids diminue et permet à l'appareil de remonter à la surface.

La gravité

Galilée avait découvert en 1602 que tous les corps qui chutaient dans le vide tombaient à la même vitesse. En effet, sans les forces de frottement et la résistance de l'air, une enclume et une plume lâchées de la même hauteur atterrissent en même temps sur le sol. Newton va plus loin en affirmant que ce n'est qu'un cas particulier d'une force d'attraction qui s'exerce également dans l'espace entre les corps célestes. Cette force explique le lien entre un livre qui tombe, la Lune tournant autour de la Terre et les pieds d'un esquimau. La gravité attire deux objets l'un vers l'autre. C'est pourquoi elle empêche les habitants du pôle Nord de tomber dans le vide, attire les objets vers le sol et provoque la rotation de la Lune autour de la Terre.

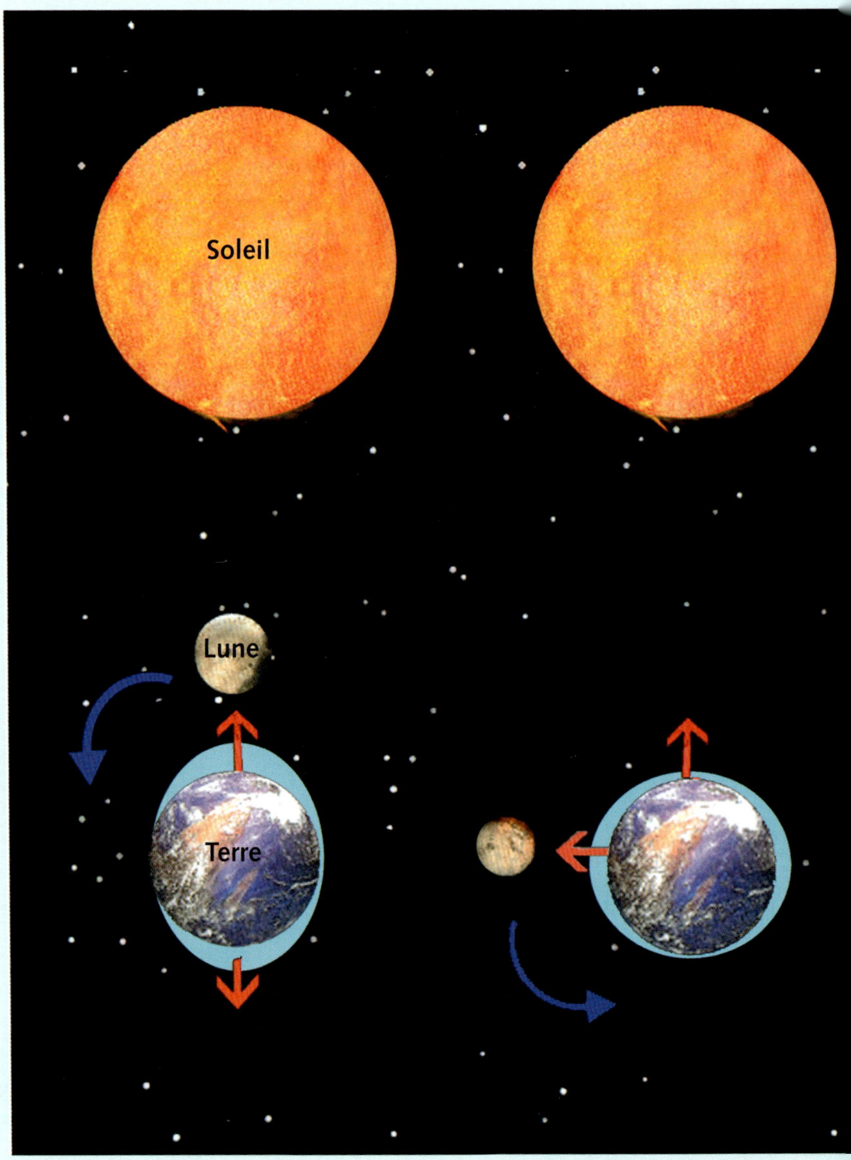

Marées fortes (vives-eaux)

Marées faibles (mortes-eaux)

En orbite

Imagine que tu sois assez fort pour lancer un ballon à 1 km de distance à une très grande vitesse. Il parcourrait l'air... et ne tomberait pas sur le sol ! Car la Terre est ronde. Il tomberait pour ainsi dire continuellement autour de notre planète, sa vitesse étant supérieure à la gravité terrestre : il serait mis en orbite. Exactement comme les satellites d'observation ou de télécommunications lancés dans l'espace... Exactement comme la Lune, qui est un satellite naturel de la Terre.

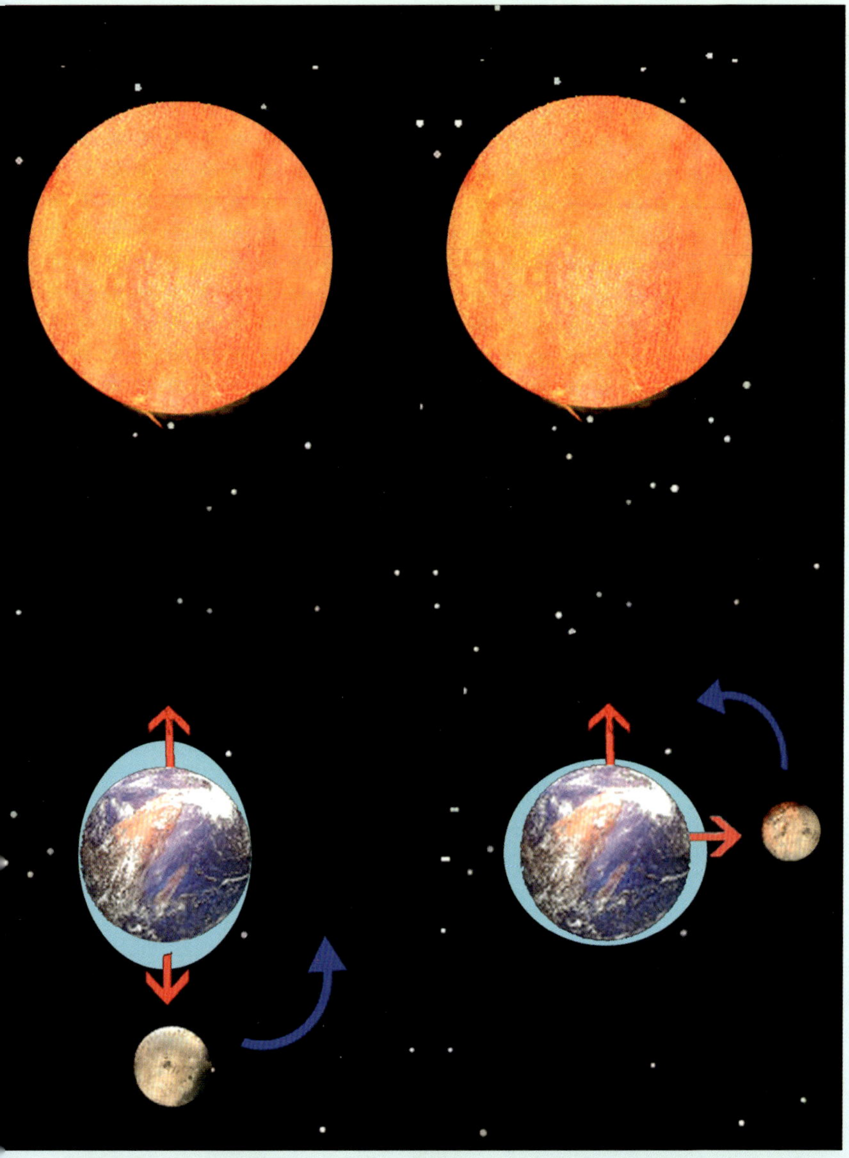

Marées fortes (vives-eaux)

Marées faibles (mortes-eaux)

Gravité et marées

Les marées sont dues à l'attraction que la Lune exerce sur la Terre. Les océans qui se trouvent face à la Lune sont attirés vers elle : la mer monte. De l'autre côté du globe, loin de la Lune, la gravité est moins grande : la mer descend. Et quand le Soleil et la Lune sont alignés, leurs forces s'associent, provoquant les grandes marées.

Les lois de Newton

Tout mouvement dans l'univers, du grain de poussière aux astres, obéit à trois lois naturelles d'une simplicité remarquable. C'est Isaac Newton, un physicien anglais qui, en 1687, dans un livre intitulé *Principes mathématiques de la philosophie naturelle,* a posé les principes de ces lois. Elles se sont révélées justes et restent inchangées à ce jour. Modeste, Isaac Newton dira: « Si j'ai pu voir loin, c'est parce que j'étais assis sur l'épaule de géants », faisant ainsi référence aux découvertes des savants qui l'ont précédé — et notamment à Galilée.

Le principe d'inertie

La première loi explique plusieurs choses. Premièrement, qu'un corps, au repos ou en mouvement, ne changera pas d'état tant qu'il n'est pas soumis à une force extérieure susceptible de changer sa direction ou sa vitesse. Deuxièmement, qu'un corps avance en ligne droite et à une vitesse constante. En clair, pour déplacer une bille immobile, il faut exercer une force sur elle, et une bille qui se déplacerait à une vitesse constante ne s'arrêterait jamais si elle n'était pas soumise à la résistance de l'air et aux forces de frottement.

L'égalité de l'action et de la réaction

La deuxième loi stipule que toute action sur un corps provoque une réaction de même valeur dans un sens opposé. L'action de l'eau sortant du tuyau entraîne une réaction du tuyau en arrière. Ça mouille !

La proportionnalité des forces et des accélérations

Selon la troisième loi, le changement de vitesse d'un corps en mouvement est proportionnel à l'intensité de la force exercée. Eh oui, plus on pédale fort, plus la bicyclette avance vite.

Levier et plan incliné

Pendant des millénaires, l'être humain n'a utilisé que sa force ou celle des animaux pour réaliser ses travaux. Puis il s'est remué les méninges pour alléger sa tâche et a inventé des machines capables de décupler sa force musculaire. Il a, par exemple, déplacé de gros poids en les faisant rouler sur des troncs d'arbres ou en les hissant sur des pentes, et ces techniques sont toujours utilisées aujourd'hui. Il existe deux moyens de démultiplier les forces, dont découlent toutes les machines : le plan incliné et le levier. Le levier est constitué d'une barre rigide qui peut tourner librement autour d'un point fixe appelé pivot. Le plan incliné est une surface penchée permettant d'élever une charge d'un point inférieur à un point supérieur. L'effort déployé est moindre, et la distance du déplacement plus grande.

Les différents types de leviers

Les leviers sont classés en trois classes selon l'emplacement du point d'appui, de la charge et du point où l'effort s'exerce. Les leviers dit de classe 1 sont les plus efficaces.

Exemples de leviers de classe 1 : paire de ciseaux, pompe à eau, cric.
Exemples de leviers de classe 2 : casse-noisettes, décapsuleur.
Exemples de leviers de classe 3 : compas, canne à pêche, pince à épiler.

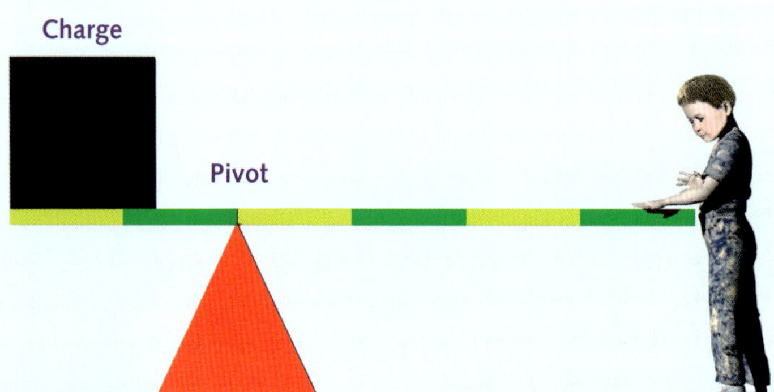

Le pivot est proche de la charge. L'enfant n'a pas besoin de beaucoup d'effort pour tenir la balance.

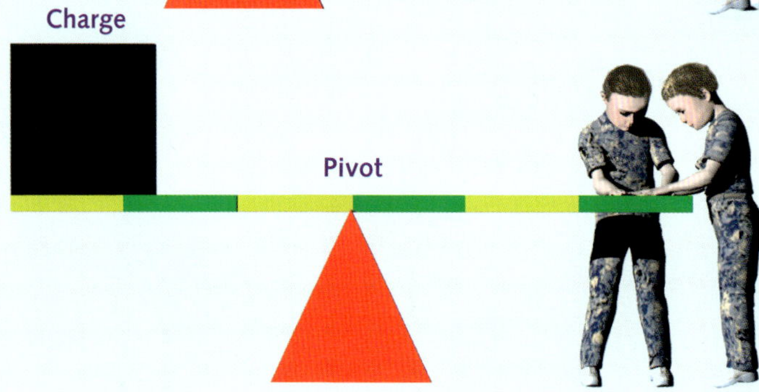

Le pivot est exactement au milieu de la balance. L'effort nécessaire pour tenir la balance en équilibre est égale à sa charge.

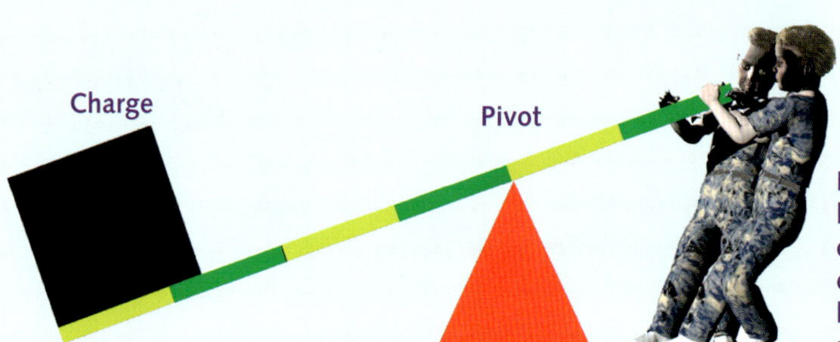

Le pivot est loin de la charge, l'effort demandé est beaucoup plus grand.

Une pente pharaonique !

Les plans inclinés ont permis aux Égyptiens de construire des monuments de taille : les pyramides. Les énormes blocs de pierre étaient hissés jusqu'au sommet sur des rampes, réduisant ainsi les forces de friction des blocs sur le sol.

Machines simples et complexes

On a vu, à la page précédente, le fonctionnement du plan incliné et du levier. Il faut savoir que toutes nos machines – si complexes soient-elles photocopieurs, voitures, robots ménagers, pianos – ne résultent que de l'agencement de ces deux principes. Le coin et la vis sont des plans inclinés. Le premier est la juxtaposition de deux plans inclinés et la deuxième est un plan incliné circulaire.
En revanche, la poulie, la roue et l'essieu sont des leviers. La poulie est une roue munie d'une entaille dans laquelle on peut mettre une corde ou une chaîne. Il s'agit d'un levier circulaire où la roue tourne librement autour d'un axe.

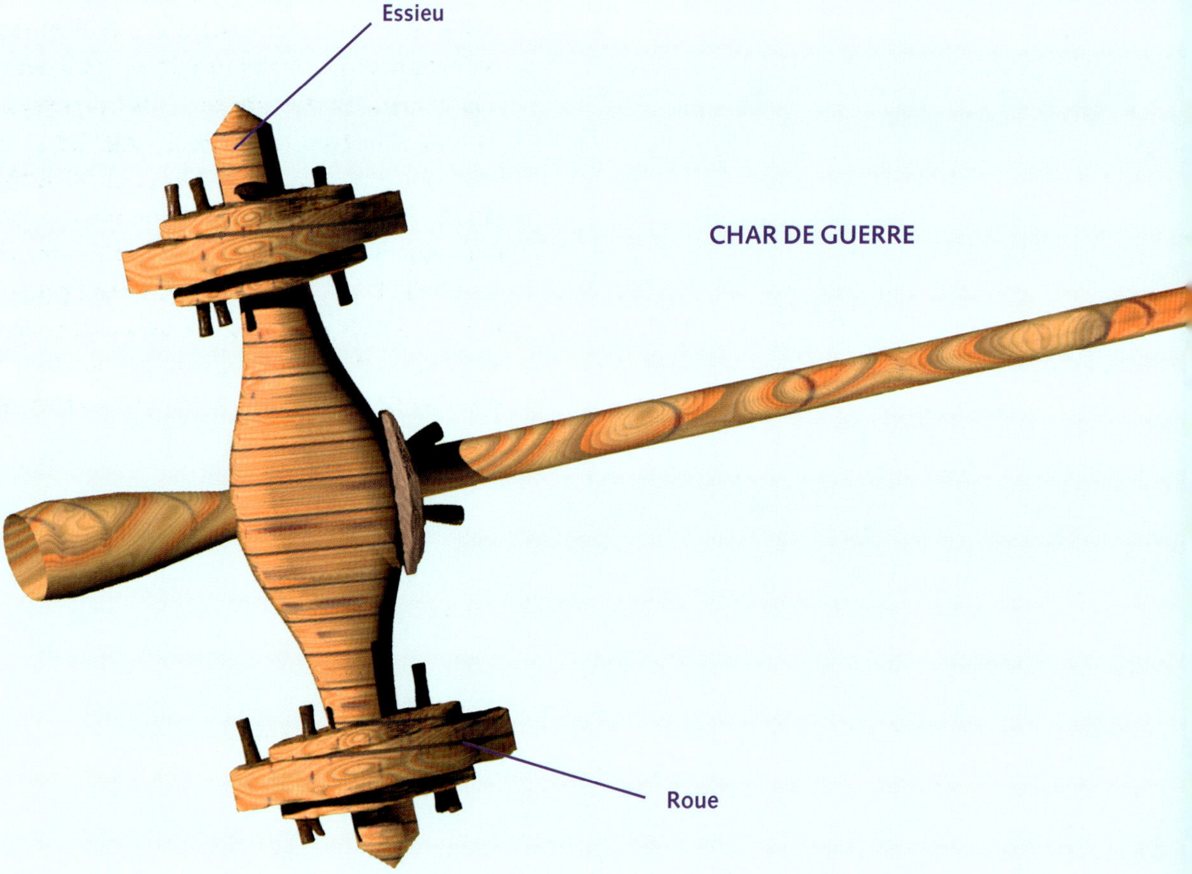

CHAR DE GUERRE

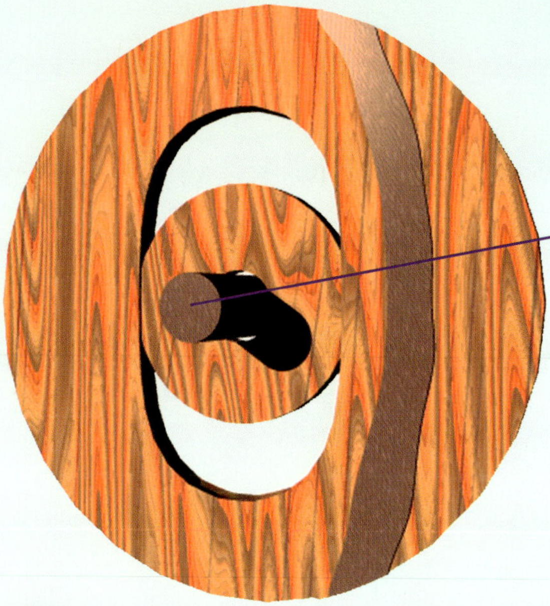

La roue et l'essieu, une révolution

La roue est également un levier circulaire dont le pivot est un axe. Elle a été inventée vers 3500 avant J.C. en Mésopotamie. Rapidement, on lui adjoint un essieu qui permet de la solidariser à d'autres roues. Son invention révolutionne les transports, mais aussi les outils. On fabrique des moulins à eau pour faire du pain, de l'huile d'olive ou encore du papier, du tissu, etc. Puis les engrenages, paires de roues dentées s'emboîtant, voient le jour et permettent de construire bicyclettes, horloges, et même des treuils nécessaires pour porter des charges lourdes ou pour relever les ancres des navires.

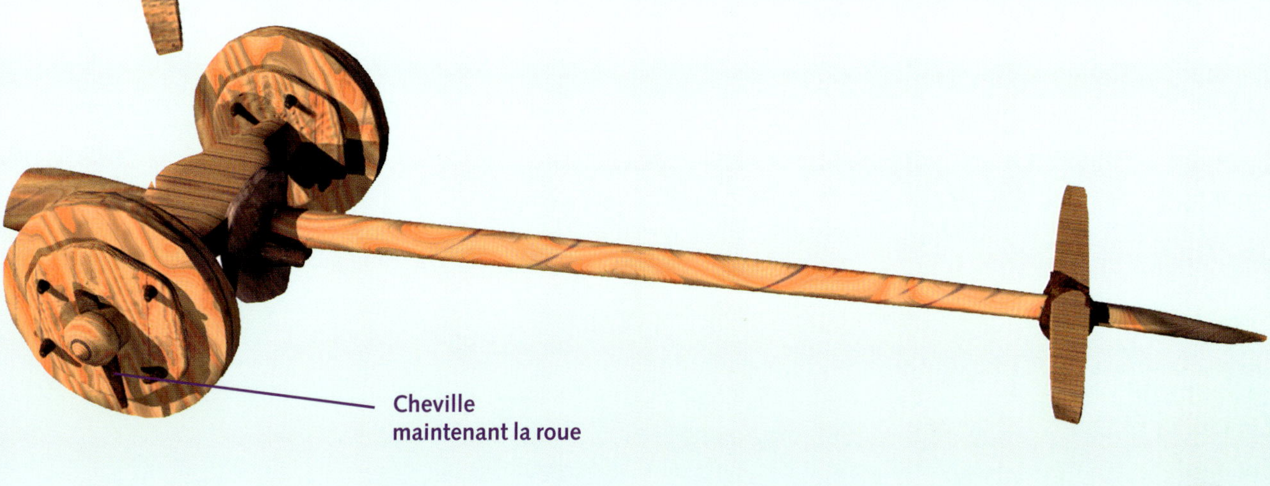

À l'échelle du corps

Que j'habite à Lyon ou à Metz, ma pointure de pied est 36. Évident, non ? Et pourtant, si je traverse les frontières, et bien que mon pied n'ait pas rétréci, je chausserai du 3 en Angleterre et du 4 1/2 aux États-Unis... Les mesures varient selon les pays et, autrefois, elles variaient même d'une ville à l'autre ! Pas facile de faire du commerce, quand une aune (mesure de longueur de tissu) mesurait 1,50 m à Bordeaux et 1,20 m à Toulouse... L'ancêtre de nos mesures est une simple comparaison : plus grand que, plus lourd que, etc. Mais comment mesurer la taille d'un champ, évaluer une récolte ou payer des impôts? Les Sumériens et les Égyptiens mettent au point les premiers instruments de mesure : la balance, le cadran solaire et la règle. Aujourd'hui, les instruments de mesure se comptent par milliers !

Des instruments en chair et en os !

Quoi de plus simple que d'utiliser son corps comme instrument de mesure? C'est pas cher et si pratique! Et c'est ce que firent les êtres humains. Les unités de longueur étaient le pied, le pouce, l'empan (du pouce à l'auriculaire), la coudée, la toise (longueur des deux bras écartés), etc.

EN ÉGYPTE ANCIENNE

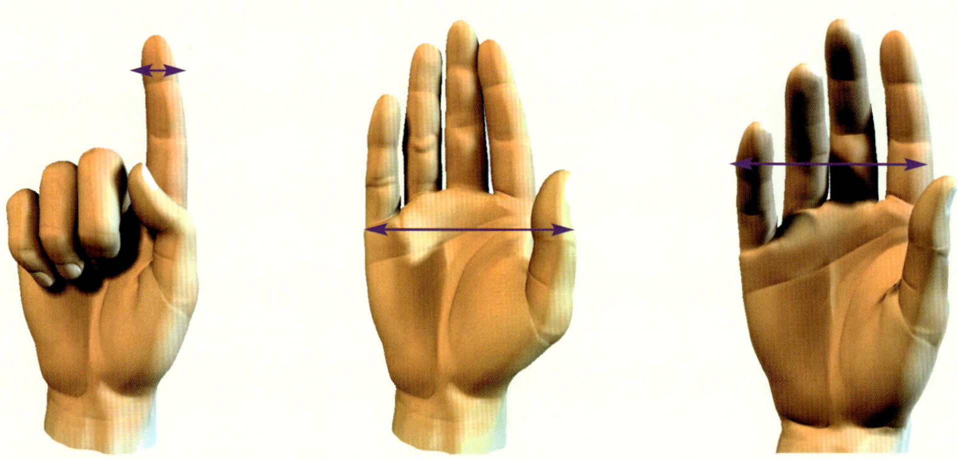

Le doigt — La main (5 doigts) — La palme (4 doigts)

Les instruments de mesure

EN FRANCE

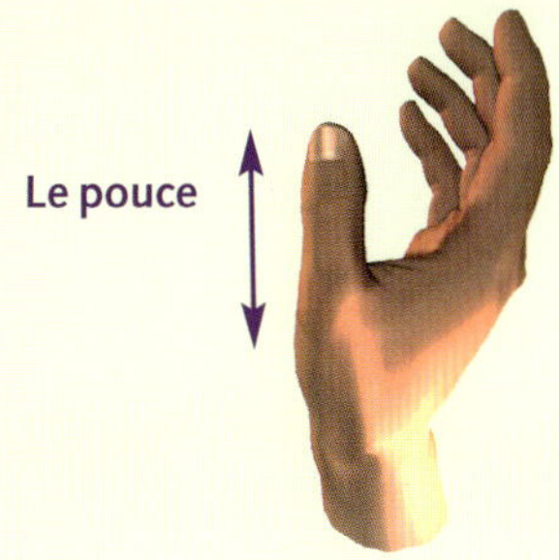

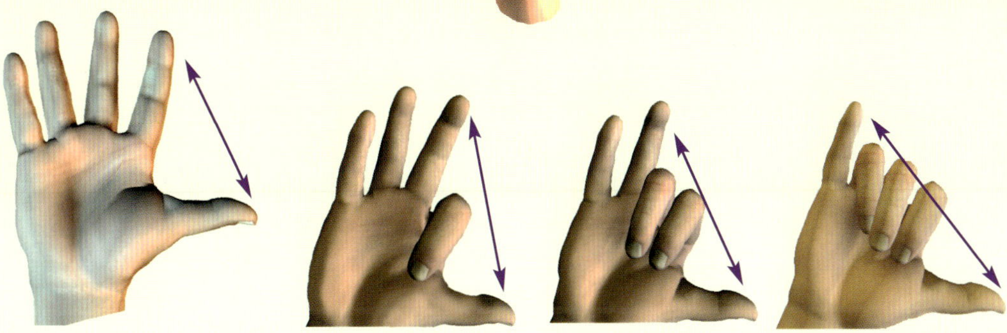

L'empan est la distance entre le pouce et l'un des quatre autres doigts.
L'empan a quatre valeurs différentes.

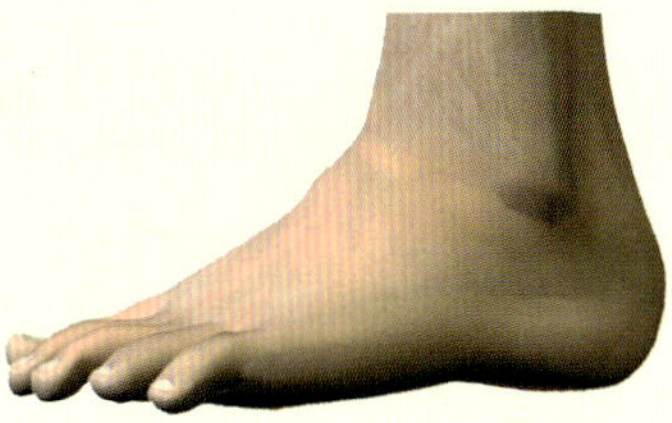

Le pied

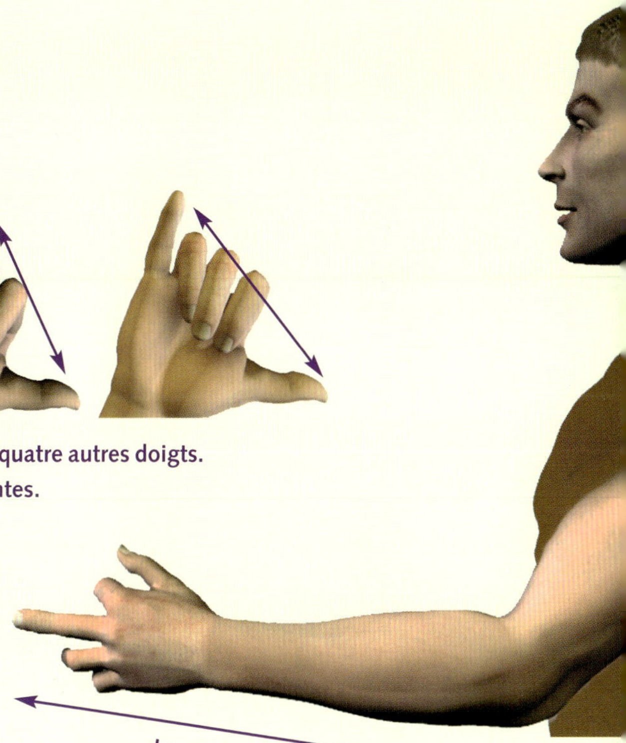

La coudée

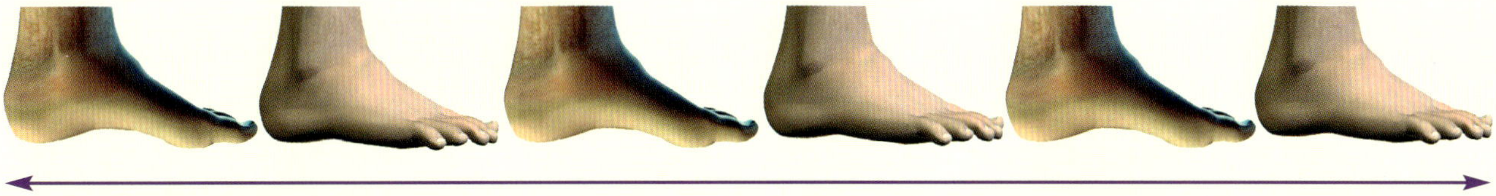

La toise mesurait 6 pieds.

Toujours plus précis

Au fur et à mesure des avancées technologiques, les instruments de mesure deviennent de plus en plus précis. Les balances mesurent au millionième de gramme, les horloges atomiques ont une précision de l'ordre de plus ou moins 5 picosecondes — soit des millionièmes de millionièmes de secondes !

Uniformiser les mesures

Un étalon, c'est bien pratique ! Non, pas le cheval, mais une base de mesure commune. En effet, les mesures corporelles, c'est bien beau, mais si mon voisin a un pied plus grand que le mien, son champ sera plus petit... Comment faire ? Un vrai casse-tête qui a provoqué de nombreuses tentatives d'uniformisation dans le monde. Charlemagne a essayé d'imposer la taille de son pied comme étalon, le bras du roi d'Angleterre Henri Ier a permis d'établir la longueur du yard, etc. En France, on comptait plus de 700 unités de mesure différentes avant la Révolution française ! À cette époque, les poids et les mesures ont été uniformisés et le corps humain n'est plus devenu la seule base de mesure. L'uniformisation suivra son cours en Europe jusqu'à la fin du XIXe siècle.

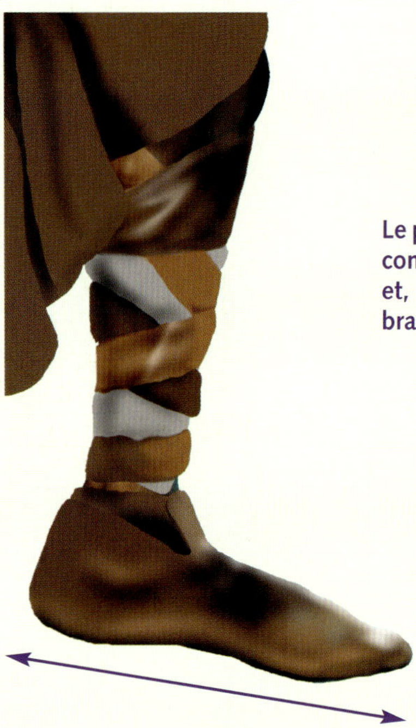

Le pied de Charlemagne comme étalon en France et, en Angleterre, le bras d'Henri Ier !

Un système international

Ce n'est qu'en 1960 qu'on assiste à une uniformisation internationale des poids et mesures. Et encore, très limitée puisque seules six unités de mesure ont été adoptées : mètre, kilogramme, seconde, ampère (courant électrique), kelvin (température) et candela (lumière).

La révolution du mètre

Les Révolutionnaires ne souhaitaient pas choisir une mesure déjà en vigueur. Afin de rester les plus neutres possible, ils ne choisiront pas la facilité! La Terre devient la référence avec cette définition : un mètre équivaut à la dix millionième partie du méridien situé entre le pôle et l'équateur… et son nom signifie mesure en grec. Mais cette définition est devenue trop imprécise avec le développement de la physique. En 1960, le mètre était calculé à partir de la longueur d'une radiation du krypton, pour devenir en 1983 la longueur parcourue par la lumière dans le vide!

La partie située entre le pôle et l'équateur représente un quart de méridien.
Il ne reste plus qu'à le diviser en 10 millions de parties et tu obtiendras le mètre révolutionnaire…

Observer l'infiniment petit

Un microscope est un appareil muni de lentilles grossissantes permettant d'observer ce que l'œil est incapable de voir. Son ancêtre est la lentille, dont on a retrouvé des traces 700 ans avant J.C.. Bien que les lunettes soient inventées à la fin du XIIIe siècle, il faut attendre encore trois siècles avant que le premier microscope soit mis au point par des opticiens hollandais, les Janssen père et fils, et perfectionné par un autre Hollandais, Van Leeuwenhoeck. Les micro-organismes deviennent enfin visibles... Et leur étude met fin à des théories farfelues comme celle qui présupposait que le bébé minuscule était entier dans le spermatozoïde et ne faisait que grossir durant son développement... Le microscope permet d'étudier les cellules, mais aussi les minéraux, les métaux, etc. Les microscopes ne cessent de s'améliorer au cours des siècles. Dans les années 1960, le microscope électronique permet de découvrir l'existence des virus, et, dans les années 80, le microscope à effet tunnel, construit sur un modèle totalement différent des microscopes optiques, permet d'étudier les atomes constituant la matière.

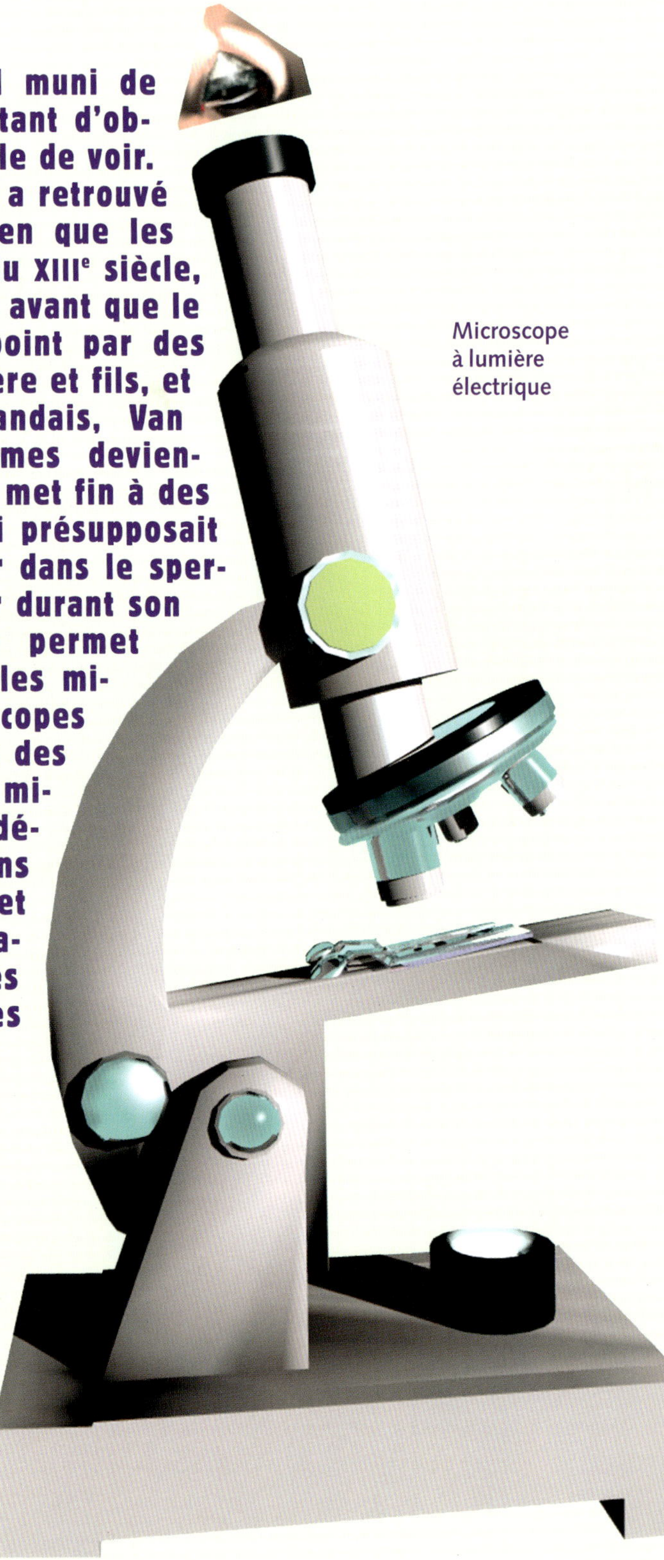

Microscope à lumière électrique

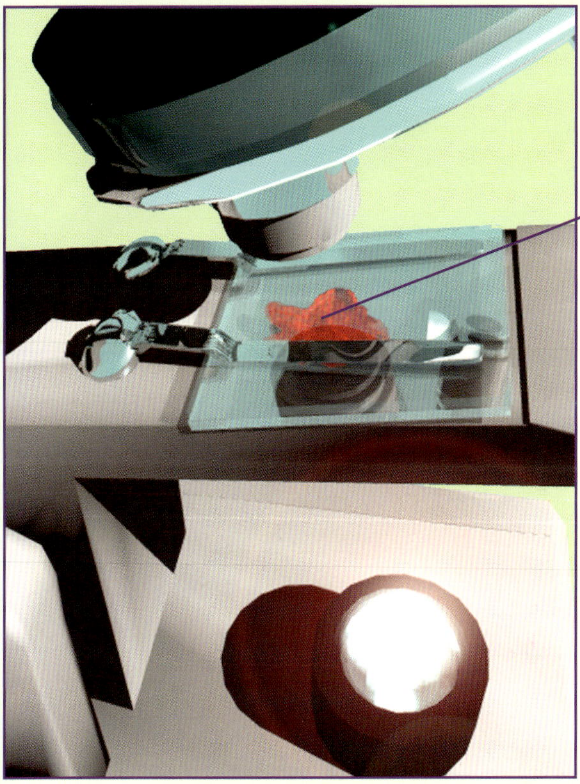

Microscopes

L'œil humain voit des objets minuscules comme les poux ou les puces. Les premiers microscopes grossissent quelques centaines de fois, permettant de voir des objets de l'ordre du micromètre. Le microscope électronique change la donne en grossissant près de 30 000 fois un objet, et, avec le microscope à effet tunnel, le millionième de mètre est atteint.

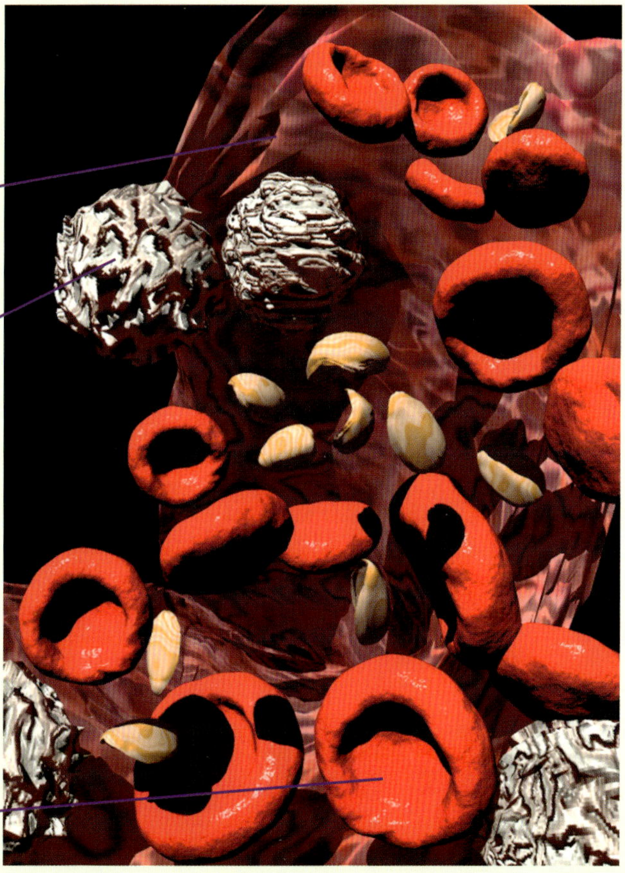

Prévoir le temps

Prévoir le temps ne sert pas seulement à savoir comment s'habiller le matin ou si les vacances seront ensoleillées ou pas ! Les prévisions sont indispensables pour les agriculteurs, les marins et pour anticiper des catastrophes climatiques. Le temps est l'état de l'atmosphère ; température, mouvement des masses d'air et humidité de l'air. La météorologie est l'étude de ces phénomènes atmosphériques. Satellites, ballons munis de sondes, stations automatiques relèvent des données et les retransmettent à aux stations météo. Ce sont ainsi des millions d'informations provenant de toute la Terre qui sont réunies. De puissants ordinateurs comprenant ces données effectuent toutes les dix minutes plus de 1,5 milliard d'opérations pour des prévisions à 24 heures. Malgré tous ces moyens, les prévisions (fiables...) ne dépassent pas une dizaine de jours.

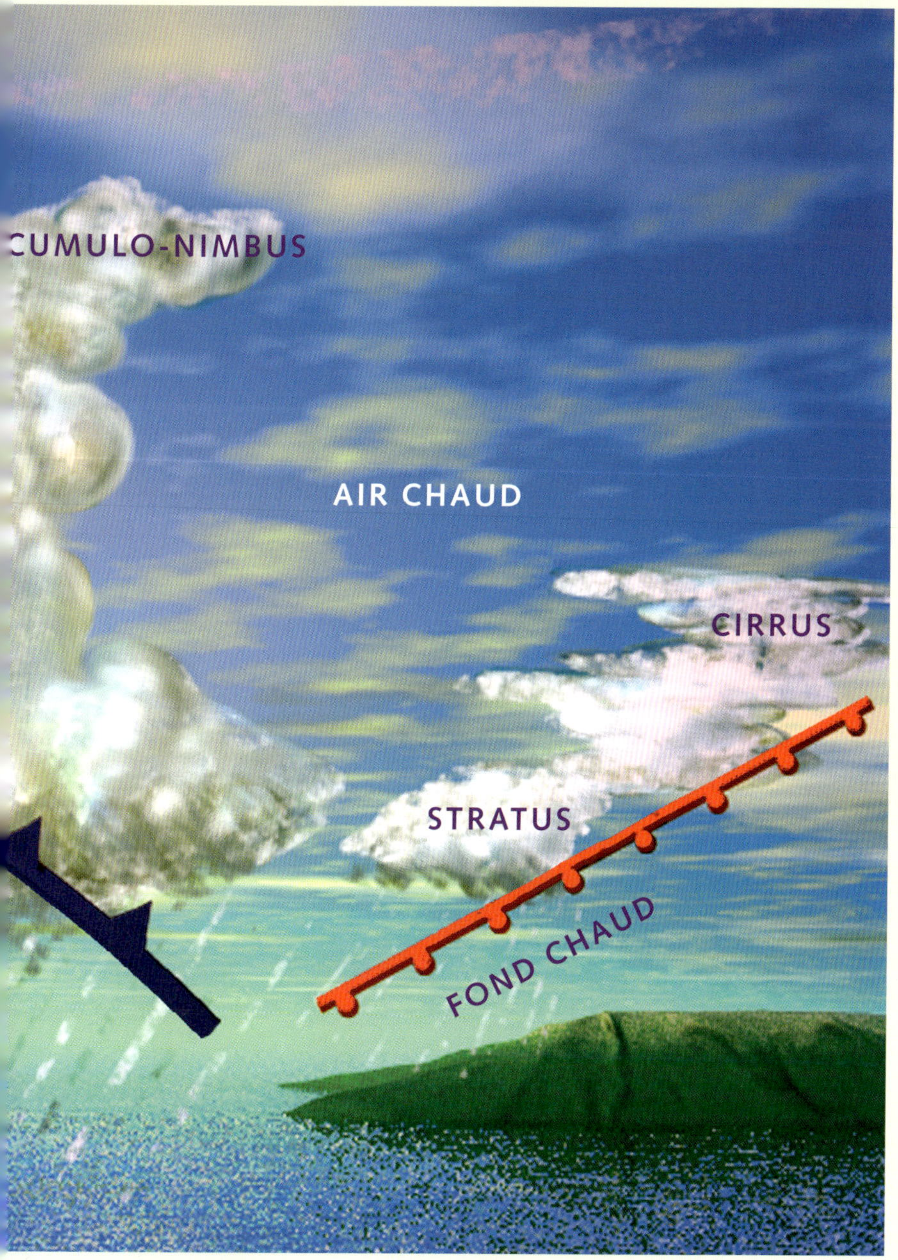

Il y a nuages et nuages

Nuage est un mot qui ne veut rien dire pour un météorologue! Il existe des dizaines de sortes de nuages différents suivant leur altitude, leur forme, leur structure. Et ils portent tous des noms différents. Les trois grandes catégories sont les cirrus (entre 5000 et 12000 m), les cumulus (nuages blancs, isolés les uns des autres) et les stratus (nappe continue de nuages).

Air chaud contre air froid

Lorsque l'air froid provenant du pôle rencontre l'air chaud provenant de l'équateur (c'est-à-dire dans les zones tempérées) se crée une perturbation. Cet affrontement provoque les nuages et la pluie.

Remerciements à Catherine Chauveau

Direction éditoriale : Marc Van Moere
Assistantes : Marie Caillat, Ghislaine Le Dault et Olivia Le Bert
Conception graphique : Marina Delranc
Mise en pages : Di-One
Photogravure : Peggy Huynh-Quan-Suu
Fabrication : Céline Roche

ISBN : 2-84567-253-5
Dépôt légal : juin 2005
Imprimé en Espagne